CAMBRIDGE LIBRARY COLLECTION

Books of enduring scholarly value

History

The books reissued in this series include accounts of historical events and movements by eye-witnesses and contemporaries, as well as landmark studies that assembled significant source materials or developed new historiographical methods. The series includes work in social, political and military history on a wide range of periods and regions, giving modern scholars ready access to influential publications of the past.

Konia: La Ville des Derviches Tourneurs

Clément Huart (1854–1926) graduated in Arabic, Persian, Turkish and Modern Greek and served as a French diplomat in Istanbul (or, as he called it, Constantinople) for twenty years before becoming Professor of Persian at the Ecole des Langues Orientales in Paris. He edited and translated many oriental texts and published widely on Middle-Eastern cultures. This 1897 publication describes a visit to Konya, where Huart hoped to find out more about the capital of the Seljuk Empire than was recorded in Byzantine or Persian sources. Travelling on horseback from Istanbul, Huart noted his impressions of archaeological sites and historic buildings, and recorded details of many inscriptions from the Seljuk period on mosques, mausoleums, caravanserais and fortresses. He also met the whirling dervishes. His fascinating account of his experiences is interwoven with references to medieval battles and Islamic legends, together with advice for future travellers to this rapidly modernising region.

Cambridge University Press has long been a pioneer in the reissuing of out-of-print titles from its own backlist, producing digital reprints of books that are still sought after by scholars and students but could not be reprinted economically using traditional technology. The Cambridge Library Collection extends this activity to a wider range of books which are still of importance to researchers and professionals, either for the source material they contain, or as landmarks in the history of their academic discipline.

Drawing from the world-renowned collections in the Cambridge University Library, and guided by the advice of experts in each subject area, Cambridge University Press is using state-of-the-art scanning machines in its own Printing House to capture the content of each book selected for inclusion. The files are processed to give a consistently clear, crisp image, and the books finished to the high quality standard for which the Press is recognised around the world. The latest print-on-demand technology ensures that the books will remain available indefinitely, and that orders for single or multiple copies can quickly be supplied.

The Cambridge Library Collection brings back to life books of enduring scholarly value (including out-of-copyright works originally issued by other publishers) across a wide range of disciplines in the humanities and social sciences and in science and technology.

Konia: La Ville des Derviches Tourneurs

Souvenirs d'un Voyage en Asie Mineure

Clément Huart

CAMBRIDGE UNIVERSITY PRESS

Cambridge, New York, Melbourne, Madrid, Cape Town,
Singapore, São Paolo, Delhi, Tokyo, Mexico City

Published in the United States of America by Cambridge University Press, New York

www.cambridge.org
Information on this title: www.cambridge.org/9781108042192

© in this compilation Cambridge University Press 2012

This edition first published 1897
This digitally printed version 2012

ISBN 978-1-108-04219-2 Paperback

Konia

LA VILLE DES DERVICHES TOURNEURS

KONIA

LA VILLE DES DERVICHES TOURNEURS

SOUVENIRS D'UN VOYAGE EN ASIE MINEURE

PAR

M. Cl. HUART

PARIS

ERNEST LEROUX, EDITEUR

28, Rue Bonaparte, 28

—

1897

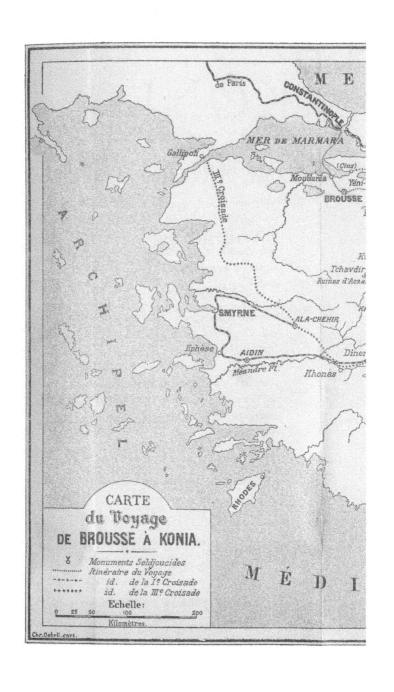

de Paris

MER

CONSTANTINOPLE

MER DE MARMARA

Gallipoli

(Cius)

Moudania

Yéni

III.e Croisade

BROUSSE

K.

Tchavdir

Ruines d'Aeza.

SMYRNE

ALA-CHEHIR

Ephèse

AIDIN

Diner

Méandre Fl.

Khonas

ARCHIPEL

RHODES

CARTE
du Voyage
DE BROUSSE À KONIA.

☿   Monuments Seldjoucides
....   Itinéraire du Voyage
-+-+-+-   id.   de la I.e Croisade
++++++   id.   de la III.e Croisade

Echelle:
0 25 50   100   200
Kilomètres.

MÉDI

Chr.Oehrli.cart.

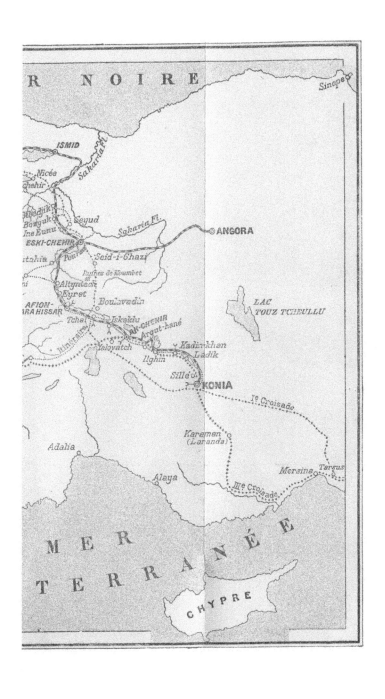

PRÉFACE

—

*Les Croisés ont traversé deux fois le centre de
l'Asie-Mineure. D'abord, lorsque Godefroy de
Bouillon, après avoir délivré Nicée, prit le parti de
pousser droit devant lui pour gagner la Syrie par
la route la plus courte ; ensuite, quand Frédéric
Barberousse mena en Terre-Sainte les guerriers
Teutons.*

*Il s'était écoulé environ quatre-vingt-dix ans
entre ces deux époques. Les deux fois, les Croisés
furent aux prises avec un adversaire redoutable,
les Turcs d'Iconium, aujourd'hui Konia. Un descendant du turc Seldjoúk avait fondé un État dans
ces régions difficilement accessibles, pendant que
d'autres membres de la même famille créaient des
royaumes dans l'Irâk et dans le Kermân. Les
Seldjoukides, en s'établissant sur les plateaux
montagneux de l'Anatolie pour menacer de là tous
les pays avoisinants, renouvelaient, sans s'en douter,*

1

ce qu'avaient fait nos pères, les Gaulois, lorsqu'a-
près avoir pillé les temples grecs ils s'installèrent
dans les hautes régions phrygiennes qui, depuis lors,
s'appelèrent Galatie. Celui qui commande à ces
régions sauvages domine toute l'Asie-Mineure ; il
est le maître des débouchés, il peut à son gré ouvrir
ou fermer les vallées qui descendent les pentes
du Taurus dans la direction de la mer.

L'histoire des Seldjoukides de Konia est peu con-
nue ; on peut dire qu'elle n'est pas encore faite.
On n'en sait guère que ce que nous en ont dit les
historiens byzantins ou les auteurs persans, tra-
vaillant de seconde main. En attendant que des do-
cuments plus satisfaisants voient le jour, la fan-
taisie nous prit d'aller rendre visite aux sultans de
Konia dans leur capitale même, où l'ordre religieux
des derviches tourneurs perpétue encore leur sou-
venir, et d'étudier les monuments qu'ils ont laissés.

Jusqu'à ces derniers temps, les voyageurs n'étaient
pas orientalistes, et les savants qui consacrent leur
vie aux choses mortes de l'Orient sortaient rarement
de leur cabinet. Il n'en est plus ainsi ; l'orientaliste,
muni de la brosse à estampage et d'un appareil
photographique, n'hésite plus à aller interroger sur
le vif les vieilles épigraphies des siècles passés. Les
inscriptions en langues orientales signalées sur les
monuments seldjoukides par les voyageurs, etaient

restées pour eux lettre close : nous voulûmes les in-
terroger, dans l'espoir d'en tirer quelque lumière
sur les hauts faits des adversaires des Croisés et du
Bas-Empire. Le Ministère de l'Instruction Publique,
sur l'avis favorable du comité des missions scien-
tifiques, voulut bien nous charger d'aller recueillir
ces legs du moyen-âge : et voilà pourquoi, un beau
jour, nous chevauchions sur les grandes routes, à
peine ébauchées, de l'Asie-Mineure. M. Albert Helbig
avait bien voulu nous accompagner, et nous n'eûmes
qu'à nous louer du voyage rêvé et entrepris ensemble;
car le proverbe arabe dit qu'avant de se mettre en
route, il faut savoir choisir son compagnon.

Certains voyageurs, qui ont traversé hâtivement
et inconsidérément quelques parties de l'Empire
Ottoman, se plaignent des entraves apportées à leur
voyage par les autorités ottomanes. Soyez sûrs que
les difficultés éprouvées par ces personnes prove-
naient de ce qu'elles n'étaient pas en règle avec les
lois de l'État. Pour parcourir librement l'intérieur
de la Turquie, il faut être muni d'un passeport
établi par les soins de l'autorité locale sur le vu
d'un certificat délivré par le consulat dont relève le
voyageur : il est bon, de plus, pour pouvoir ré-
clamer l'assistance de l'autorité, d'être muni de
lettres de recommandation adressées par la Sublime-
Porte aux gouverneurs-généraux des provinces que

l'on traverse ; c'est ce qui remplace le bouyouroultou *des anciens temps. Moyennant cette précau-
tion, si l'on ne fait pas de fouilles et si l'on ne
cherche pas à lever le plan des forteresses (il n'y en
a que vers la frontière du Nord), on est certain de
ne pas être inquiété par les dépositaires de l'autorité. Il n'est pas inutile, non plus, de pouvoir dire
quelques mots dans la langue du pays, le turc.
Quant à nous, nous n'avons eu qu'à nous louer de la
façon dont nous avons été accueillis par les gouverneurs des districts d'Asie que nous avons par-
courus. La sécurité · des routes, malheureusement
intermittente, n'a rien laissé à désirer ; elle s'améliore d'ailleurs sans cesse, grâce aux efforts cons-
tants du gouvernement de S. M. I. Abdul-Hamtd II,
qui s'occupe sérieusement, depuis longtemps, de res-
treindre le brigandage, plaie des contrées rurales
de l'Orient, et le principal obstacle au développe-
ment de la circulation dans des contrées pour la
plupart montagneuses et d'un accès difficile. La
construction des routes et des chemins de fer
aide d'ailleurs puissamment à la réalisation de
cette pensée toute d'humanité. On peut espérer que
prochainement la Turquie sera débarrassée de ce
fléau, comme l'ont été tardivement bien des pays
voisins.
Celui qui voudra entreprendre aujourd'hui un*

voyage dans les contrées que nous avons traversées
trouvera de grandes facilités dans les lignes du
chemin de fer d'Anatolie qui n'existaient pas à
l'époque où nous vîmes Konia. Une ligne partant
de Haïdar-Pacha, station sur la côte d'Asie, en face
de Constantinople, aboutit à Eski-Chéhir où elle se
partage en deux branches : l'une mène à Angora
et l'autre traverse les régions dont traitent les pages
suivantes, pour aboutir à Konia où la locomotive ne
tardera pas à faire retentir son sifflet. Que ceux
qui feront la route dans un bon wagon de première
classe excusent les imperfections, les inexactitudes,
voire les erreurs de ceux qui prirent, à cheval, il
y a six ans, les notes volantes qui paraissent main-
tenant au jour !

PORTAIL DU SYRTCHALY-MEDRESSÉ

Koŋia

LA VILLE DES DERVICHES TOURNEURS

CHAPITRE Iᵉʳ

De Constantinople à Brousse.— Adieu à la mer bleue. —
— La civilisation s'introduit progressivement dans la
Turquie d'Asie. — Organisation d'une caravane pour
l'intérieur. — Moyens de locomotion : le *tatar*, le cheval
de louage, le *muhadjir arabassy*. — Le *bouyouroultou* du
gouverneur général de la province de Hudavendiguiâr.

L'on va aujourd'hui fort aisément de Paris,
de Berlin, ou de Vienne à Constantinople. Le
chemin de fer a rapproché ces deux dernières
villes à quarante-huit heures de distance.
Néanmoins je préfère le voyage par mer ; pour
un touriste qui a un certain bagage d'érudition en
partant pour les contrées de l'Orient, la traversée de la Méditerranée est cent fois plus intéressante que celle des Balkans. Foin de ces paysages
entrevus un instant dans le cadre étroit de la
fenêtre du wagon ! Parlez-moi de ces vastes hori-

zons où l'on ne tarde pas à voir jaillir quelque
pointe hardie, quelque île perdue, quelque sommet de montagne. Et puis, la mer est toujours la grande char-
meuse. Elle a l'attrait des Circé et des Médée, le
danger toujours présent, la vie humaine à la
merci d'un accroc dans les œuvres vives du navire. L'inconnu, en un mot ! le hasard, une destinée que nous ignorons et qui nous pousse vers
un but perdu dans les brumes d'un lointain immense. Donc vous tous qui n'êtes pas pris de la
fièvre de gagner du temps, montez à Marseille à
bord d'un paquebot ; installez-vous tranquillement dans une cabine où vous serez peut-être
seul voyageur, s'il plaît à Dieu Le navire, en
moins de huit jours, vous conduira dans la Corne
d'Or : et vous serez satisfaits, pour peu qu'il ait
fait beau temps, d'avoir contemplé l'Etna au
sortir du détroit de Messine et les côtes agrestes
du Magne et du cap Saint-Ange.

A Constantinople, on dira vraiment adieu à
la civilisation. Certes la capitale de l'Empire
Ottoman, grand marché de produits européens,
a encore un cachet bien oriental et qui frappera
tout d'abord le voyageur novice ; mais l'Europe
a pénétré de toutes parts cette vieille civilisation. Dans l'habillement des hommes et des femmes, dans les moyens de transports, dans les
nombreux bateaux à vapeur qui se pressent

dans le port, entre Top-Hané et la Pointe du
Séraï, dans ces navires à voiles qui ont remplacé
leur antique gréement par le double hunier amé-
ricain à bandes de coton, dans ce sifflet persis-
tant de la locomotive qui manœuvre dans la
gare de Sirkèdji, on reconnaît le progrès, véhi-
culé par l'Europe, pénétrant lentement mais
sûrement les vieilles couches orientales endor-
mies dans leur paresse et leurs souvenirs. Mais
tout près, sur la côte asiatique, la vie d'Orient
commence ; ceignons nos reins et bordons notre
cœur d'un triple rang d'acier, car nous allons
nous trouver perdus dans le monde turc, loin
de la France et loin de tout ce qui fait pour nous
l'intérêt de la vie, les jouissances intellectuelles.

Aujourd'hui, le chemin de fer de Haïdar-
Pacha (nom d'un quartier de Cadi-Keui, l'antique
Chalcédoine) à Ismid, la Nicomédie des temps
anciens, pénètre en Asie-Mineure plus avant
que par le passé ; il est achevé jusqu'à
Eski-Chéhir, la Dorylée des Byzantins, jusqu'à
Angora ; demain il mènera, en deux jours de
route, à Konia. D'un autre côté, pour se rendre à
Brousse, l'on vient d'inaugurer un petit railway
à voie étroite qui conduit de Moudania, sur la
mer de Marmara, à l'ancienne capitale des Sultans Ottomans. Mais lorsque nous fîmes, il y a
déjà six ans, le voyage de Konia, aucune de
ces commodités n'existait encore. Pour pénétrer

dans l'intérieur de l'Asie-Mineure, nous fîmes
choix de la voie de Brousse. Et vraiment l'antique Prusa mérite d'être vue, même plusieurs
fois. Sa grande plaine toute couverte d'arbres,
ses monuments d'ancien style persan, ses mosquées incomparables revêtues de carreaux de
faïence, d'une construction si différente de celles
de Stamboul dérivées d'un type unique, Sainte-
Sophie, la mosquée Verte et le tombeau de
Méhémet Ier, l'ascension de l'Olympe de Mysie,
tout cela vaut qu'on se dérange. Nous fûmes
vraiment satisfaits de revoir notre vieille connaissance.

..... Il est neuf heures du matin, au mois de
mai. Nous sommes assis sur la dunette du paquebot de Moudania, au milieu du port de Constantinople. La brume des premières heures du
jour s'est dissipée, et le groupe imposant de
Sainte-Sophie et de l'Ahmédiyé, d'un côté, la
vieille tour médiévale des fortifications génoises
de Galata de l'autre, encadrent merveilleusement
les flots de la Corne d'Or, déjà agités par le
meltem, cette brise du large qui vivifie le Bosphore pendant les chaudes journées d'été. Le
pont du paquebot de l'administration *Mahsoussé*
est couvert d'une foule grouillante qui se presse
sur l'espace étroit. A l'arrière, un endroit réservé, fermé par quatre morceaux de toile ingé-
nieusement disposés par l'industrie des marins,

en tous pays gens fort habiles, contient quatre ou cinq femmes turques gênées dans leur costume, très préoccupées de défendre contre la brise et leur léger voile de tulle et les vêtements amples qui dissimulent leurs formes. On reconnaît aussi, parmi les voyageurs, les malades rhumatisants et autres qui vont chercher la guérison dans les eaux ferrugineuses et sulfureuses de Tchékirgué, faubourg de Brousse. Et voici tout un groupe nouveau : ce sont des ingénieurs qui vont, par ce même courrier, gagner les chantiers de construction du chemin de fer d'Anatolie. Voilà une note bien moderne : décidément, l'Europe tient la vieille Asie par tous les coins.

Le navire siffle, évolue doucement sur une amarre frappée sur un corps-mort au milieu du port ; bientôt l'avant est tourné dans la direction du nord-est ; l'hélice vainc le grand courant du Bosphore. Il double la pointe du Séraï : nous voici dans la mer de Marmara. A droite, Stamboul fuit doucement derrière nous, ainsi que les longues, tristes et désertes plaines de la Roumélie ; puis l'horizon de la plaine liquide, car de ce côté la Propontide donne l'illusion d'une vraie mer: les rivages de Silivri, de Rodosto et de Gallipoli sont sous l'horizon. A gauche, le spectacle est grandiose; nous passons à peu de distance des îles des Princes,

théâtre de sombres tragédies du temps du Bas-
Empire, à présent paisible rendez-vous de villé-
giature pour la population aisée de Constantinople Proti s'efface un peu devant la dent
pointue qui culmine à Antigoni, Halki présente
ses bois de pins, son couvent et son école commerciale grecque ; Prinkipo domine le tout
avec son monastère grec de Saint-Georges
perché sur le plus haut sommet de l'île ; plus
près, enfin, isolés dans la mer bleue, les rochers
dénudés d'Oxia et de Platia où sont encore, dans
leur tristesse d'abandon hâtif, les murs dégradés
et les plafonds effondrés du château aux tou-
relles gothiques, ruineuse fantaisie d'un ambassadeur d'Angleterre qui fut un homme de
lettres, lord Bulwer. En face, la dent de scie
du Samanly-Dagh, une pointe montagneuse qui
s'avance dans la mer et forme le golfe de Nicomédie au nord et celui de Guémlik au sud. Rien
que des pentes dénudées et des rivages déserts ;
le flot déferle majestueusement sur des grèves
inhabitées.

Dès qu'on a dépassé le cap de Boz-Bouroun
et débarqué au village d'Armoutlou (des Poires)
les rares voyageurs qui s'y rendent, on est dans
la petite cuvette, très peu profonde, que les
géographes appellent du nom prétentieux de
golfe de Guémlik. Nous laissons l'ancienne Cius
à notre gauche pour aller, droit au midi, dé-

barquer à l'estacade de Moudania, village turc
dont la seule raison d'être est sa qualité de port
de Brousse. C'est l'ancienne Apamée des
Myrléens, mais rien n'y rappelle l'antiquité.
Après une courte discussion avec les employés
de la douane (car la Turquie jouit encore de la
belle institution des douanes intérieures, au
moins de port à port), un landau attelé de
deux maigres haridelles et conduit hors de
toute règle par un cocher fantaisiste, nous
entraîne sur la route poussiéreuse. Lentement
d'abord il faut s'élever, par un chemin en lacets,
jusqu'au col qui donne entrée dans la vallée de
Brousse. Un dernier regard en arrière : la mer
est bleue, calme, admirable dans son âpre encadrement de montagnes sauvages. Fermons vite
nos yeux qui se voilent de larmes... et fouette
cocher ! Pendant un mois, que de fois nous
regretterons ce doux clapotis des vagues, jusqu'au moment où le train nous déposera à
la gare de la Pointe, à Smyrne !....
   Le voyage de Constantinople à Brousse ne
donne pas la sensation d'un saut brusque dans
le vide : il semble que ce soit une simple excursion de touriste. Tant de gens la font en effet
chaque année, cette excursion ! Voyageurs
venus d'Europe et continuant la tournée classique de la Méditerranée, bien réglée par les
guides Murray, Baedeker ou Joanne, malades

courant aux eaux thermales sur le conseil du
médecin, ou gens simplement désireux de se
reposer, c'est par centaines que l'on compte ces
excursionnistes, aux deux saisons de la villé-
giature, mai et septembre. Le va et vient est
continuel, d'ailleurs, entre les deux villes.

Les deux chevaux du landau montent allè-
grement les lacets à flancs de coteau qui ser-
pentent jusqu'au col de Derbent. La route est
bordée d'immenses jardins de mûriers et de
vignes, à gauche une dernière vue d'ensemble
de la baie de Guèmlik resserrée entre le Samanly-Dagh et la côte ; au milieu des jardins,
le village grec de Misopoli. Après le col, où les
chevaux soufflent, la route descend rapidement
usqu au café de Guétchid, abrité sous de vieux
arbres dont les racines plongent dans les eaux
du Nilufèr. En trois heures, on arrive à Brousse.

Jusque là, rien d'extraordinaire. Mais quand
on a organisé sa caravane, qu'on a chargé ses
chevaux de la besace (héïbé) qui contient tout le
bagage du cavalier, que, précédé de deux gendarmes à cheval, le mousqueton au poing, et
suivi d'un saïs ou palefrenier on s'avance lentement le long des routes carrossables nouvellement tracées dans la plaine de Brousse, on
sent alors que l'on quitte définitivement le
monde civilisé, qu'on s'enfonce dans un continent qui, pour être moins obscur que le centre

de l'Afrique, n'en est pas moins à des distances
incalculables de l'Europe, moralement parlant.

A partir de ce moment, plus de courrier à
attendre, plus de lettres à ouvrir, plus de
journaux : le seul véhicule de la poste est ce
traditionnel Tatare, qui part tous les huit jours
à destination de Konia.

Comment voyage-t-on en Turquie d'Asie? Il
y a peu d'années, c'était à dos de cheval qu'il
fallait parcourir ces montagnes. Depuis que
l'Anatolie a vu ouvrir quelques grandes routes,
en attendant le chemin de fer, on a pu profiter
d'un moyen de locomotion plus commode, la
voiture légère à quatre roues introduite par les
émigrés de Roumélie, et appelée pour cette
raison *muhadjir arabassy* (voiture d'émigré). Au
départ de Brousse, l'on a donc à sa disposition
trois moyens de locomotion : le cheval, la poste
ou *tatar*, la voiture d'émigré. Avec le cheval, il
faut se résigner aux longues journées passées
sur la selle, car ce cheval va au pas, quelquefois
à l'amble : le trot lui est inconnu, et le galop ne
lui est permis qu'aux approches de l'écurie ; on
comprend pourquoi : qui veut voyager loin
ménage sa monture. Mais si quelque incident
ou quelque recherche vous détourne de la route
tracée, le cheval est indispensable, lui seul vous
permettra de suivre ces sentiers à peine frayés
qui unissent entre eux les centres moins impor-

tants ; c'est la monture de l'archéologue, de l'artiste, de l'ingénieur. Courir la poste était d'un grand seigneur, autrefois, en France, sur de bonnes routes et avec d'excellentes berlines parfaitement capitonnées ; ce n'a jamais été, en Orient, que le fait des gens pressés. Rien de plus incommode,car la voiture est,bien entendu, inconnue, et la selle du cheval n'est guère rembourrée ; or ce cheval est tout le temps au galop, de relai en relai. Aussi la voiture de *muhadjir* a-t-elle les préférences de beaucoup de gens qui n'aiment pas à sortir des chemins tracés et qui sont pressés d'arriver au but, coûte que coûte, et dans le moindre délai possible.

L'*araba* d'émigré est une voiture légère, non suspendue, à quatre roues qui rappelle, pour la forme, la voiture de roulier de chez nous. Deux planches forment le fond, deux autres les côtés ; des arceaux peuvent supporter une bâche en toile. Ni sièges, ni marche-pied, ni rien. On installe un matelas dans le fond, et c'est le siège ; on se hisse à la force des poignets par l'arrière, et cela tient lieu de marche-pied. Le cocher n'a pas de siège non plus ; pourquoi faire ? Il s'assied sur une planche à l'avant, les deux pieds appuyés sur les brancards, l'arrière-train du cheval entre ses deux jambes écartées. C'est très primitif ; mais ce chariot, tel qu'il est, est encore bien utile.

On voyage aussi en landau, car, qui le croirait ! on peut aujourd'hui aller en landau de Brousse à Konia. C'est le mode de locomotion le plus périlleux et le plus aventuré, parce qu'au passage des gués les ressorts peuvent se briser, parce qu'il attire de loin les regards des gens mal avisés, entre autres ceux de messeigneurs les brigands et coupeurs de routes, enfin pour bien des motifs, dont nous vous dirons un petit nombre plus tard, car nous fîmes connaissance avec le landau, à notre retour...

Tout compte fait, c'est le cheval qui doit être notre monture. Deux chevaux pour les voyageurs, mon compagnon et moi ; un troisième pour le *saïs* : voilà notre petite caravane formée. Il ne manque plus que les gendarmes ; il s'agit d'aller voir le gouverneur-général de Brousse et d'obtenir des ordres dans ce sens pour la traversée de la province qu'il dirige.

M. Taillet, vice-consul de France, a la complaisance de nous accompagner chez ce haut fonctionnaire. S. Exc. Mahmoud Djélal-uddin Pacha, qui avait été quelque temps ministre des finances, nous réserve un accueil des plus aimables ; sur le vu de la lettre de recommandation que l'Ambassade de France a obtenue de la Sublime-Porte, il donne des ordres pour que le *bouyouroultou* d'usage nous soit délivré et fait même télégraphier l'annonce de notre passage aux gouverneurs des villes que nous lui déclarons. Autrefois on ne voyageait pas en Turquie sans un *bouyouroultou* ou commandement de la Porte qui donnait au porteur le droit de requérir le logement et la nourriture partout où il passait. Ces sortes de pièces ne se délivrent plus depuis bon nombre d'années. Le gouvernement ottoman y a substitué la lettre de recommandation, adressée aux gouverneurs-généraux des provinces que l'on doit parcourir, et qui est délivrée par le Ministère de l'Intérieur sur la demande de l'ambassade intéressée. Je prie instamment les voyageurs qui liront ces lignes, de bien se les graver dans la mémoire et de ne pas négliger de se munir des pièces dont je parle; ils éviteront ainsi la plupart des désagréments que l'on a la consolation de relater ensuite dans de gros volumes, à l'ébahissement du public, mais qui n'en ont pas moins fait manquer plus d'une fois le but réel du voyage. A bon entendeur salut : j'ai de tout cela une grande expérience personnelle, et je ne parle pas à la légère.

Le *bouyouroultou* du gouverneur-général de Hudâvendiguiâr nous accorde deux gendarmes pour nous protéger sur le territoire de la province, c'est un de trop, mais on ne discute pas les honneurs, on les subit... et on les paie. Notre caravane est prête : nous pouvons nous mettre en route.

CHAPITRE II

La plaine de Brousse. — Yéni-Chéhir. — Dernière vue de l'Olympe de Mysie. — Bilédjik, *aliàs* Ertoghrul. — Kuplu et les travaux du chemin de fer.

16 mai. — Six heures du matin : il pleut. On dit adieu de la main et du regard aux sites pittoresques de Brousse ; à Tchékirgué, le quartier des bains, où l'on visite la fameuse mosquée du sultan Murad Iᵉʳ Hudâvendiguiâr, qui a donné son nom à la province, et qui est une ancienne église byzantine transformée ; au gracieux *turbé* de Méhémet Iᵉʳ, tout couvert de faïences persanes, ainsi qu'à la Mosquée Verte, délices de l'archéologue et de l'artiste ; à la mosquée de Bayézid Ildyrym, qui vient d'être restaurée et dont le profil blanchâtre se découpe, dans la brume, sur le fond sombre de l'Olympe, dont les pentes couvertes de forêts sont là, à cinq cents mètres. Les Kyzyks, cinq ou six villages kurdes, sont suspendus aux flancs de la montagne, sous l'ombre des arbres. Voici le sentier,

très connu des cavaliers, qui mène à la cascade
de Gueuzédé, où l'eau des neiges fondues se
précipite en nappe brisée, tumultueuse, sur les
rochers polis. Adieu Brousse, première capitale
de l'Empire Ottoman ! C'est d'ici que partirent
les conquérants de la Roumélie, de la Bulgarie,
de la Servie et de la Macédoine ; c'est d'ici que
se mirent en marche les expéditions qui, ensuite, rangèrent l'Asie-Mineure sous le rouge
drapeau des fils d'Osman. L'Europe conquise
d'abord, par la création du corps des janissaires, œuvre d'un grand-vizir de génie : conquise par ses propres fils, puisque les janissaires étaient des enfants de tribu arrachés de
bonne heure à leurs foyers, à leurs parents, à
tous les souvenirs de leur patrie et de leur race,
et qui, Grecs, Slaves ou Albanais, donnèrent à
l'empire d'Osman l'infanterie qui lui manquait
et qui fit sa force. Seuyud est le berceau de la
dynastie ; c'est le fief que se fit attribuer l'an-
cêtre des Sultans de Constantinople, mais ce
n'est qu'à partir de la prise de Brousse que la
Turquie est fondée.

Nos chevaux ont pris l'amble, allure commode,
préférée du paresseux cavalier indigène. La
route carrossable, droite, passe à travers la
belle plaine de Brousse, semée de jardins,
d'arbres, de champs, et de ruisseaux impétueux
qui descendent de l'Olympe. L'ancienne route

serpentait plus agréablement sous la verte fron-
daison. La nouvelle n'a plus d'ombre ; mais
cela nous touche peu, car la pluie continue. La
ferme de Zohrab nous abrite un instant, le
temps de sabler le *raki*, additionné d'un peu
d'eau qui en tempère la force. Puis en route !
Nous atteignons le fond de la plaine de Brousse
où le lac des Asperges (Kouch-Konmaz Gueulu)
rassemble les eaux d'alentour ; nous venons de
dépasser Kastell, dont le nom, entièrement
latin (*Castellum*), nous fait reconnaître les ruines
d'un château-fort, probablement byzantin, dans
un monceau de pierres taillées qui domine le
village. En 1313, le commandant grec du château de Kastell périt dans une bataille livrée à
Osman en compagnie de plusieurs généraux
byzantins agissant d'après les ordres du gouverneur de Brousse. Le château lui-même a dû
être pris et rasé en même temps qu'Orkhan
s'emparait de Brousse elle-même, à la fin du
règne d'Osman. Nous montons lentement à
Dimbos, où le café d'Adjem-Oghlou va nous
permettre de nous reposer. Ici, la végétation
est plus sauvage, la nature plus âpre : le pin,
le houx, une sorte d'acacia dit queue de mulet
(*Kâtyr-Kouyroughou*), ont remplacé les châtai-
gners et les chênes de la plaine. La route a
cessé de monter ; Dimbos occupe le centre d'un
col plus élevé qui sépare la plaine de Brousse

de celle de Yéni-Chéhir. L'Olympe s'abaisse
brusquement. Puis la route redescend en serpen-
tant le long d'une vallée rocheuse et sans eau,
jusque dans la grande plaine en bas, vaste
bassin entouré de montagnes de tous côtés,
et entièrement cultivé ; le village de Tchartak-
Keuï, la ferme de Dâmâd-pacha s'étalent com-
plaisamment au milieu des prairies. L'hiver, ce
bassin est inondé, le seul écoulement est
vers l'est, par un affluent du Sangarius. Deux
routes romaines, bien conservées, se croisent ;
un vieux pont, presque en ruines, permet de
franchir un ruisseau bourbeux.

17 mai. — Yéni-Chéhir n'offre que peu d'intérêt. Un vieux *turbé* sur un monticule, à gauche,
est très pittoresque de loin et n'offre de près qu'un
amas informe de pierres grossièrement taillées.
La *nouvelle ville* n'est qu'un gros village. La
seule industrie du pays est l'élevage du ver à
soie pour les filatures de Brousse. Le succès
de cet' élevage — on connaît aujourd'hui en
Asie-Mineure les procédés de Pasteur et on y
manie le microscope — a couvert de mûriers
bien des vallées abandonnées dans cette région.
On nous montre le bombyx à ses différents états
de croissance, dévorant les feuilles du mûrier
fraîchement coupées; ses mandibules à l'em-
porte-pièce ont vite mis à jour les nervures...

Dédaignant l'hospitalité qui nous était préparée à l'hôtel de la Municipalité (quelque masure), nous descendons chez un honorable négociant arménien pour lequel nous avons des lettres de recommandation. C'est notre première nuit dans l'intérieur de l'Asie... Un dîner à la turque nous attend, et ensuite, les piles de matelas étendus sur le plancher. Ne-nous plaignons pas, car nous ne tarderons pas à faire connaissance avec les *Khâns* ou caravansérails turcs. Somme toute, la nuit n'est pas mauvaise ; au point du jour nous serons sur pied.

On quitte Yéni-Chéhir de bonne heure, laissant à gauche la route de Nicée. Nous ne verrons pas cette fois la ville célèbre par son concile et par le premier fait d'armes de la croisade commandée par Godefroy de Bouillon. Mais elle est encore tout entière dans notre souvenir. Nous la vîmes il y a quelques années : nous avons encore devant les yeux son grand lac bordé de montagnes, et la vaste ceinture des murailles antiques encore debout, avec le petit village d'Isnik au centre. Aujourd'hui l'on va très aisément à Nicée. Le train du chemin de fer de Haïdar-pacha conduit en quelques heures à Mékédjé, station avant Lefké, d'où il est facile de gagner Isnik en voiture légère ou à cheval. Mais auparavant, l'on se rendait de préférence à Nicée en partant de Brousse, et en re-

venant à Constantinople par Ismid ou par
Kara-Moursal. C'était une tournée de six jours
à cheval, mais avec l'avantage de paysages incomparables que l'on ignore maintenant : la
descente de Dervènt à Nicée par un lacet tor-
tueux tracé dans une forêt, avec la vue du lac,
et le retour par Baghtchédjik et la côte du golfe
de Nicomédie... Un rêve, que le voyageur pressé
ne fera plus.

Au sortir de Yéni-Chéhir, l'on trouve la route
carrossable qui s'étend raide et droite jusqu'à un
groupe montagneux que l'on entrevoit à travers
la pluie... Décidément, à cette fin de printemps,
l'Anatolie est bien humide ! Le paysage se
creuse un peu (ne descendons-nous pas d'amont
en aval un affluent du Sangarius) ? Voici Kieupru-Hiçâr, la forteresse du pont ; un village qui
est un site antique, sur le Tchuruk-Sou. Devant, un vieux pont restauré sous la domination
turque, ce qu'indique la grande arche en ogive ;
à côté, une petite arche en plein cintre est certainement restée de l'ancien pont romain. La route
est bordée de bornes grossièrement taillées où
l'on voit encore des traces d'inscriptions latines.

Kieupru-Hiçâr a joué un rôle dans l'histoire,
tout au début de celle de la Turquie. Après la
prise de Bilédjik, Osman, désireux d'ajouter de
nouvelles conquêtes à celle qu'il venait de faire,
semble-t-il, si aisément, s'empara du château

Pont de Kieupru–Hiçár.

byzantin de Kieupru-Hiçâr. Cette expédition
fut marquée par le meurtre tragique de son
oncle Dundar, qu'il tua d'un coup de flèche
parce qu'il trouvait trop prudents les conseils
d'un vieillard de quatre-vingt-dix ans.

Le pont en dos d'âne une fois passé, on laisse
la chaussée pour suivre la vieille route de la
poste, un sentier à travers la montagne, plus
court, mais bien plus escarpé que les lacets et
les pentes savamment tracés de la route moderne. Nous avons déjà dit que la poste était à
cheval. Dans ces conditions, elle a avantage à
couper au plus court,

Nous voici dans un enchevêtrement de montagnes où il est difficile de se reconnaître, non
point sauvages et abruptes, mais plutôt douces
et couvertes de cultures, comme d'honnêtes
collines de notre pays de France. Un poste de
gendarmerie (une masure en bois élevée sur
un rez-de-chaussée en pierre, la chambre d'en
bas écurie pour les bêtes, celle d'en haut dortoir
pour les hommes nous recueille pour le déjeûner, des œufs durs arrosés d'une tasse de
café et d'eau pure. C'est Tépé-Dervènt, le corps
de garde du Sommet, dont le vrai nom, paraît-
il, est Ak-Sou-Dervènt, le corps de garde de
l'Eau-Blanche, la rivière qui coule au bas. Un
balcon de bois nous permet d'apercevoir, au
milieu de cultures verdoyantes et jaunissantes,

le village d'Elias-bey au sud et celui d'Ok-kodja
dans l'ouest.

On monte ensuite par des pentes douces à
une hauteur qui permet de dominer la campagne d'alentour ; le chemin serpente à travers
de petits bouquets de bois et des prairies ; ce
site est agreste, mais gai ; ensuite le sol devient
âpre, le gazon clairsemé, les plaques blanches
de la craie se font voir par moments et enfin
envahissent le paysage entier. Une coupure
dans la montagne nous jette sur Bilédjik.

Bilédjik se nomme officiellement aujourd'hui
Ertoghrul, du nom du père d'Osman ; mais
cette appellation imposée n'est pas entrée dans
l'oreille du peuple. Il en sera d'elle comme de
ces noms inventés pour les vieilles cités de
l'Asie antérieure par les Macédoniens et les
Romains, qui n'ont pas effacé le vieux nom
sémitique très ancien, que la conquête arabe
a fait renaître. La petite ville est drôlement
accrochée dans une fente de la montagne, un
contrefort de l'Ahou-Dagh ; on y arrive, de
l'ouest, par un défilé poussiéreux, en traversant,
sur un pont de bois, un précipice sourcilleux :
et puis l'on descend, l'on descend..... Il y a plus
de cent mètres de différence de niveau entre le
haut et le bas de la ville. En haut, Bilédjik, récemment promue au grade de chef-lieu de
Sandjak, montre orgueilleusement le *Konak* ou

palais du *mutéssarrif* (gouverneur de Sandjak),
et différentes constructions adjacentes, flam-
bant neuf, mais laides : lourdes constructions
en mauvaises pierres, murailles badigeonnées
d'un affreux enduit tout blanc et décorées
d'ornements bleus. Une place triangulaire,
l'Ipèk-Khan (le caravansérail de la soie), centre
des affaires commerciales et industrielles de la
contrée (l'élève des cocons étant la grande
occupation par ici), montre un sarcophage antique, orné de sculptures grossières, et transformé en fontaine, comme presque tous les
sarcophages d'Anatolie. En bas, la vieille ville,
les corroieries dans le fond de la vallée, où des
familles musulmanes se transmettent de père
en fils, sous le sceau de serments formidables,
des secrets de tannage et de teinture remontant
à des époques anciennes. A mi-côte, les Arméniens, colonie amenée de force de Tébriz au
temps des grandes guerres sur la frontière de
Perse, des luttes de Nadir-chah et de Topal
Osman-pacha ; et, planant sur le tout, le souvenir, resté vivace dans la mémoire des indigènes, des habitants indisciplinés du dernier
siècle, qui refusaient de reconnaître l'autorité
de la Porte, les Kalyoudjis.

Nous profitons d'un moment favorable de la
journée pour aller rendre visite au *mutéssarrif*
ou gouverneur, installé dans un palais fraîche-

ment bâti tout en haut de la bourgade. sur un
terrain dénudé. Ali-Fuad pacha est un des fonctionnaires ottomans les plus aimables que
j'aie jamais rencontrés ; il est Crétois, et comme
les Crétois, il parle avec plus de facilité le grec
que le turc. Son frère, Sirri-pacha, mort récemment, est connu par ses publications relatives
à certains points des études musulmanes. Ces
deux hauts fonctionnaires font honneur à l'administration ottomane.

A mi-côte de la grande pente sur laquelle
s'élève Bilédjik, on visite le tombeau du chéikh
Édébali. Ce monument n'a de remarquable que
son site sourcilleux ; planchéyé de neuf, recrépi
et rebadigeonné, c'est une masure fort propre,
mais sans intérêt archéologique. Il n'en est pas
de même pour les souvenirs historiques que ce
nom rappelle. C'est le début même de l'histoire
ottomane qui se montre dans l'espace de quelques
lieues à peine, s'étendant de la base des monts
Toumanidj-Dagh, où est In-Eunu, à Bilédjik d'une
part et à Seyud de l'autre. Bilédjik a réussi à
prouver, paraît-il, qu'elle est en possession du
vrai tombeau du chéikh Edébali, de préférence
à Eski-Chéhir, comme le croyait Hammer. Cela
montre tout au moins que les souvenirs de l'é-
poque de la conquête sont assez vivaces en
Turquie pour que l'autorité supérieure s'é-
meuve des prétentions de deux villes rivales et

tranche le différend en connaissance de cause.
Le chéikh Edébali était venu s'établir d'A·
dana sur les terres d'Osman, qui, comme l'on
sait, devint amoureux de sa fille, la belle Malkhâtoun. Le père refusa sa fille au prince jusqu'au moment où celui-ci eut un songe qui lui
dévoila, dit-on, l'avenir de l'empire ottoman et
dont l'explication satisfit si amplement le vieux
chéikh qu'il ne fit plus obstacle au mariage. La
prise de Bilédjik, ancienne Belocoma, par les
Turcs, est également entourée de légendes que
nous ne connaissons guère que par les historiens
ottomans, résumés par Hammer. Le gouverneur de Belocoma, qui jouissait d'abord de
l'amitié d'Osman et de toute sa confiance, inquiet des progrès que faisait son dangereux
voisin dans la direction du Nord, avait résolu de
trahir son amitié et de s'emparer de lui ; mais
le chrétien Kieusé-Mikhal, qui devait plus tard
se convertir à l'islamisme et devenir la souche de
la famille de Mikhal-Oghlou, dont le nom est
mêlé à toute l'histoire des conquêtes turques,
eut vent du complot tramé contre son ami musulman et lui facilita la prise de la forteresse
byzantine. Osman et trente-neuf de ses plus
braves guerriers, déguisés en femmes et couverts de longs voiles, s'introduisirent dans le
château et n'eurent pas de peine à s'en emparer.
Cette surprise donna Belocoma aux Turcs et la

belle Niloufer, nouvelle épousée, à Orkhan, fils
d'Osman. La prise de Yarhissar et d'Aïné-Gueul
suivirent de près celle de Bilédjik. Osman voulait se rapprocher de Brousse, et c'est pour cela
qu'à la fin de sa vie il se fixa à Yéni Chéhir, au
nord-ouest de ses nouvelles possessions. A
partir de ce moment l'empire ottoman est fondé :
Osman n'est plus, comme Ertoghrul, son père,
un gouverneur nomade pour les Seldjoukides,
paissant ses troupeaux l'hiver à Seuyud et l'été
dans le Toumânidj-Dagh ; il se civilise, il s'appuie
sur des forteresses et des villes, il y habite
même. Le nomade est devenu citadin ; il n'en
reste pas moins guerrier, et marche constam-
ment vers l'ouest, vers Brousse, Nicée et Constantinople, reprenant ainsi la vieille politique des
premiers Seldjoukides, avant que la première
croisade eût, pour plus d'un siècle, brisé leur élan.

18 mai. — Nous avons trouvé à Bilédjik un
hôtel français ; des Européens circulent par la
ville : on sent que les travaux du chemin de fer
ne sont pas loin. En effet, à peine sortis dans
la campagne et, tout en descendant lentement
dans la plaine, nous apercevons tout en bas des
terrassements qui, venant de Lefké, passent à
Achâghy-Keui (le village d'en-bas) et entrent
dans une vallée étroite qui les mène à Kuplu,
centre actuel des travaux.

Kuplu, le village à la jarre, ainsi nommé
parce qu'il est au fond d'un entonnoir profond,
est une grosse bourgade, chef-lieu de *nahiyé* :
elle est habitée par des musulmans et des chrétiens, et actuellement, par une foule d'ouvriers
de toutes nationalités, mais en grande majorité
italiens ; le chapeau y domine, quatre grandes
maisons en bois, nouvellement élevées à l'entrée, contiennent les bureaux de l'entreprise du
percement de quatre tunnels dans le roc. Tout
cela respire une activité, un ordre, une intelli-
gence inconnue des pays que nous traversons,
endormis dans leur traditionnelle torpeur. Bientôt la locomotive ne tardera pas à franchir cette
vallée pour monter dans la direction de Bozyuk.
Aujourd'hui, c'est un fait accompli.

La mosquée de Kuplu est originale. Elle n'est
que de bois et de plâtras, mais le badigeon qui
recouvre ces dessous informes est gaîment pein-
turluré de couleurs vives, de jolis vitraux à inscriptions éclairent l'intérieur ; telle qu'elle est,
c'est une mosquée gracieuse, fantasque à la fois
et surprenante. Il y a aussi une église armé-
rienne à Kuplu ; bien qu'elle ressemble à tous
les monuments de ce genre et qu'elle n'ait absolument rien de remarquable, il nous faut aller
la voir : nous ne voulons pas plonger dans le
désespoir le brave Arménien qui nous a accordé
l'ombrage de son vestibule et des rafraîchisse-

ments à la mode du pays : une cuillerée de confitures accompagnée d'un verre d'eau limpide. Il y a des restaurants, ou du moins des gargotes à Kuplu ! N'importe ! nous sautons de joie à cette nouvelle. Déjeunons encore une fois à la française, puisque cette bonne aubaine s'offre. Bientôt nous sommes attablés dans un corridor sombre, dégustant l'omelette aux fines herbes. Pour se rendre compte du plaisir que l'on éprouve, en Orient, à trouver une table revêtue d'une nappe propre et de couverts modestes, mais convenables, il faut comme nous — car ce n'est point un coup d'essai que notre chevauchée vers Konia — avoir vécu certain temps de la vie de ces populations. On en apprécie doublement le prix de la civilisation, n'en eût-on que le plus humble des instruments, la fourchette. Ici, à ce repas frugal, le murmure des eaux courantes vient encore s'ajouter au plaisir d'un déjeûner européen : une foule de ruisseaux bruyants traversent impétueusement Kuplu, faisant mouvoir les moulins. On peut m'en croire, le spectacle des eaux courantes est assez rare dans le Levant ; un ruisseau qui se précipite des montagnes en tourbillonnant est on ne peut plus réjouissant. Ce serait charmant si la fièvre intermittente ne vous guettait pas derrière le délice de ces eaux enchanteresses.

CHAPITRE III

La marche des Croisés de Nicée à Dorylée ; quelle passe ont-ils choisie pour gagner les hauts plateaux ? — Seuyud et les souvenirs légendaires des premiers temps de l'Empire ottoman. — In-Eunu et les grottes phrygiennes. — Eski-Chéhir (Dorylée).

Les Croisés partirent de Nicée le 25 juin 1097. Il leur fallut deux jours de marche pour gagner le pont de Lefké, et ils s'y reposèrent également deux jours. Là, ils se séparèrent en deux troupes, nous dit Robert le Moine ; la plus considérable était placée sous les ordres de Godefroy de Bouillon, et l'autre sous ceux de Bohémond. C'est cette dernière qui soutint tout le choc de l'armée de Kylydj-Arslan, en attendant que la première, prévenue par le chapelain du duc de Normandie, Arnoul, eût pu la rejoindre. Les deux troupes se tinrent toujours à très petite distance l'une de l'autre, et en effet c'est à deux milles de distance seulement, dit-on, que le courageux chapelain rencontra la troupe du duc de Lorraine, mais néanmoins de l'autre côté des

montagnes, où on la vit tout-à-coup apparaître
au milieu du jour.

Deux routes partent de Vézir-Khan pour
mener toutes deux à Eski-Chéhir ; la première
est celle que suit le tracé du chemin de fer ; elle
remonte la vallée, très encaissée, du Kara-Sou,
affluent de gauche du Sakaria, passe au bas de
Bilédjik et gagne la plaine de Bozyuk, contiguë
à celle d'In-Eunu, par Kuplu. L'autre va directement à Seuyud en passant par les plateaux
escarpés qui côtoyent et surplombent le Sakaria. Godefroy aurait donc suivi la première
de ces routes, en se rabattant brusquement sur
la vallée située entre Seuyud et Eski-Chéhir,
où avait commencé, dans la matinée du 1er juillet
1097, la bataille dite de Dorylée. On voit donc
qu'il est impossible que cette bataille, comme
on l'a prétendu, se soit livrée dans la plaine
d'In-Eunu. Au contraire celle-ci était certainement occupée par la cavalerie de Godefroy
lorsqu'on vint prévenir ce dernier de l'attaque
du second corps par les forces de Kylydj-Arslan.

L'on peut se demander pourquoi le prince
Seldjoukide, au lieu de masser ses troupes sur
les hauteurs, très accessibles à la cavalerie
quand on les prend à revers, qui commandent,
par exemple, la passe de Kuplu, a préféré se jeter
sur l'aile gauche de l'armée des Croisés, en s'ex-
posant, comme c'est d'ailleurs arrivé, à voir se

BILÉDJIK

rejoindre les deux corps si le premier attaqué résistait assez longtemps pour que le second pût lui prêter secours. Il nous est bien difficile aujourd'hui de nous rendre compte exactement des raisons qui ont pu décider la tactique adoptée par Kylydj-Arslan ; on peut supposer que la faiblesse numérique de l'aile gauche, maladroitement retranchée dans une vallée étroite, a entraîné son choix. Peut-être aussi le prince d'Iconium n'avait-il pas eu le temps nécessaire pour réunir tous ses contingents fournis par les tribus turcomanes vassales, et ne put-il attaquer les Croisés, déjà en marche sur Dorylée, qu'après que le gros de l'armée, placé sous le commandement de Godefroy, s'était déjà assuré la position de Bozyuk par une occupation rapide des passes de Vézir-Khan et de Kuplu.

Reprenons notre itinéraire. Un sentier très âpre nous conduit au-dessus de Kuplu, sur de hauts plateaux que nous ne quittons plus jusqu'à Seuyud. Il y a des montées et des descentes, mais peu considérables ; la route se maintient à un niveau moyen très élevé. Après avoir traversé le hameau de Kyzyl-Kayalar (les Roches rouges), nous rejoignons la route carrossable à une heure environ de Seuyud ; on distingue, dans les vallées, des traces de voies romaines. Six gendarmes à cheval nous attendent pour nous escorter, pour nous faire

2

honneur, non pour nous garantir contre des at-
taques imaginaires : ici le pays est sûr. Ce dé-
tachement de *Zapliés* était venu à notre rencontre sur l'ordre du *caïmacam* de Seuyud, désireux de nous réserver une réception grandiose, étant d'ailleurs prévenu de notre arrivée
par le *mutéssarif* de Bilédjik, dont il relève. A
un autre endroit, plus rapproché de la petite
ville, attendait son propre fils, un jeune garçon
d'environ quatorze ans, accompagné du *mal-
mudiri* (percepteur) du *caza* (canton) et de la
plupart des fonctionnaires de la localité. Quant
au *caïmacam* lui-même, il s'était installé dans le
tombeau d'Ertoghrul, ou plutôt dans un petit
kiosque de réception qui en fait partie. Le monument qui garde les cendres du père du fondateur de la dynastie ottomane est situé à une
demi-heure de distance de Seuyud, sur la route
de Brousse ; c'est une construction très simple,
un pavillon bas, composé d'un rez-de-chaussée,
un petit jardin clos de murs, une salle de réception, dont nous venons de parler, dans un
autre pavillon à l'écart, le tout rebâti à neuf
dans ces derniers temps : c'est tout ce qu'il y a
à voir.

Après une pieuse visite aux cendres d'Ertoghrul, pendant laquelle nous remarquons un
beau Coran, manuscrit de style arabo-égyptien,
constitué en bien de main-morte par le sultan

Mahmóud Ier, notre cortège et le sous-gouverneur remontent à cheval ; nous en faisons autant, et nous continuons en ligne de marche
notre route vers Seuyud. A droite, nous laissons
une grande construction en manière d'usine ;
c'est une filature de soie, qu'on appelle *pavlika*
dans le patois local (c'est le mot *fabrica* tel qu'il
est articulé par une bouche d'Anatolie).

A gauche, à l'entrée même de la petite villè,
le palais du gouvernement, une construction
toute neuve, où l'on nous offre l'hospitalité ; le
sous-gouverneur laisse à notre disposition son
bureau officiel ; quant à lui, il loge en face, dans
sa maison particulière.

Seuyud est adossée à une gorge de montagne
fort profonde et très étroite ; elle s'élève en
amphithéâtre. Un ruisseau abondant traverse
la ville ; il y a des fontaines dans toutes les
rues. Le pavé est noirâtre, il paraît ancien ;
parmi les pierres dont il se compose, il en est
probablement plus d'une qui a été mordue par
la roue des chars antiques ou par le fer des
chevaux turcomans ; car les Turcs ne sont pas
de grands paveurs et ils aiment utiliser les
choses toutes prêtes. Du commencement de la
vallée, on a une belle vue sur les environs, au
nord et à l'ouest seulement ; au nord surtout,
l'on entrevoit à peu de distance une énorme dépression, et de l'autre côté une chaîne de mon-

tagnes en dent de scie ; c'est l'excavation profonde ou coule le Sangarius, de l'est à l'ouest.
Cette petite ville est vraiment le berceau de l'empire ottoman : c'est là que vécut Ertoghrul, et c'est là qu'Osman, avant de débuter dans ses conquêtes par la prise de Bilédjik, passa de nombreuses années à paître ses troupeaux sur ce plateau, pendant l'hiver, en attendant l'été pour les ramener sur les sommets du Toumanidj-Dagh, au-dessus d'In-Eunu.
Seuyud rappelle les faits historiques, quasi légendaires, qui entourent la dynastie d'Osman à son berceau. Le songe d'Ertoghrul, qui passa la nuit à la lecture du Coran, œuvre pieuse dont il fut récompensé par une apparition miraculeuse où il entendit une voix qui prédit la gloire de sa descendance ; celui qui précéda le mariage d'Osman avec la fille du Chéikh-Edébali, Malkhâtoun, et dont nous avons déjà parlé à propos de Bilédjik ; le vautour royal planant sur la tête d'Osman dans le défilé d'Erméni, entre l'Olympe et le Toumanidj-Dagh, et expliqué par le derviche Abdal-Koumral, qui entrevit que la domination des Turcs devait bientôt s'étendre sur l'Europe et l'Asie ; la bataille d'Egridjé où périt le fils cadet d'Erthoghrul, Sarouyati-Sawedji, qui fut enterré au pied du Pin illuminé ; la prise de Karadjé-Hiçâr (Melangeïa), à l'occasion de laquelle Osman

reçut de son suzerain seldjoukide le drapeau et
la timbale *(tabl u alèm)* qui le constituèrent en
souverain indépendant, tous ces faits, qui nous
sont racontés par les premiers historiens de
l'Empire ottoman, Nechri, Ali, Idris, se rattachent à Seuyud ; c'est autour de la petite
bourgade, à quelques heures de distance que se
sont passés tous ces événements, grossis, transformés, expliqués par la légende.

19 mai. — Cinq heures du matin ; départ. Nous
quittons le local du gouvernement. Il fait frais
à ces altitudes d'environ 800^m, à une heure
aussi matinale ; tant mieux. Le sabot des
chevaux gratte à chaque pas le grès des dalles ;
nous commençons à gravir la petite montagne
à laquelle Seuyud est adossée. La croupe de ces
hautes collines est couverte de grands bois à
l'ombre desquels serpente un sentier de traverse
que nous suivons. Le site est désert ; à l'entrée
de la forêt, c'est à peine si l'on rencontre un
misérable village d'émigrés rouméliotes, bûche-
rons et charbonniers, qui se chargeront vite de
pratiquer dans le fourré des coupes sombres
et déréglées ; maisons basses en troncs d'arbres
à peine équarris, toit d'écorce, simulant
l'ardoise. Cependant l'endroit est très riant.
Nous nous enfonçons sous bois ; le sentier
côtoie un petit ruisseau au doux murmure ; nos

deux gendarmes glissent une cartouche dans
leur carabine Winchester, nous passons en
revue nos revolvers.... l'endroit charmant
devient dangereux. Pourtant nos précautions
restent superflues. On nous montre, dans un
coin perdu, les tombes de brigands tués, l'an
passé, dans un combat avec la maréchaussée.
Par bonheur, nous quittons le bois sans
encombre.

Une longue et raide descente nous laisse tout
le loisir de contempler une vaste plaine dénudée,
bornée à l'horizon par une chaîne de montagnes.
La plaine est celle d'In-Eunu et de Bozyuk : la
montagne le Toumanidj-Dagh, où Osman faisait
paître ses troupeaux pendant l'été. Cet immense
espace est d'une nudité décevante ; et pour
rompre cette monotonie, on ne voit que
deux barres droites, jaunes, immuables : la
première est la chaussée de Bozyuk à Eski-
Chéhir, la seconde, la ligne du chemin de fer
à la hauteur de la station d'In-Eunu. La vaste
plaine, très allongée, que nous avons devant les
yeux, s'étend de Bozyuk jusqu'à Eski-Chéhir ;
elle est resserrée au nord et au sud par les
contreforts de l'Olympe et les hauts sommets
boisés de Seuyud ; c'est par là que passa la
cavalerie de Kylydj-Arslan, après la prise de
Nicée, pour fermer, sans succès, aux Croisés
la route de Dorylée.

Déjà l'on peut apercevoir, tout contre le pied du Toumanidj-Dagh, les minarets d'In-Eunu, pauvre mais considérable village qui ne compte pas moins de trois mosquées. Cette bourgade tire son nom, qui signifie en turc le devant des grottes, d'anciennes cavernes sépulcrales taillées grossièrement dans le roc, et qui sont caractéristiques des campagnes de Phrygie. Des milliers de trous noirs font ressembler à une éponge grise la muraille de rochers à pic qui s'élève au-dessus du village. On visite surtout de grandes grottes, transformées en magasins et peut-être même en forteresses au temps du moyen âge turc, des seigneurs féodaux, des *déré-béyis* ou burgraves, temps qui a duré, comme on sait, jusqu'aux réformes du sultan Mahmoud II, au commencement de ce siècle. L'une de ces grottes renferme une mare d'eau stagnante. L'accès en est malaisé. Il faut se hisser à la force des bras de roc en roc. Le paysan turc se déchausse aisément ; de son pied, qui a encore des allures prenantes, il saisit la moindre aspérité du rocher et s'y hisse sans trop de peine. Mon compagnon est obligé de suivre cet exemple il fait disparaître ses chaussures et grimpe comme un chat le long de ces parois à pic. Je me hâte.... de ne pas l'imiter et de rédiger rapidement quelques notes, à l'ombre de la première grotte.

La vieille mosquée d'In-Eunu est intéressante ; une simple coupole inscrite dans une base carrée, un minaret modeste, le tout en briques, mais très vieux. L'inscription placée au-dessus de la porte d'entrée ne satisfait malheureusement pas entièrement notre curiosité : elle donne la date du monument ; mais le millésime est incertain. Voici ce que nous avons pu en lire :

« Le généreux, le bienfaiteur, Khodjah Yâdiguiâr, fils du sultan Ali. An (de l'hégire) 771 (1369) ».

Nous aurions devant les yeux, si notre lecture est bonne, un monument de l'époque des princes de Kermian qui régnèrent à Kutahia.

Nous ne sommes évidemment pas encore ici en terrain d'épigraphie seldjoukide. Le sultan Ali doit être le même que Ali-beg, père de ce Yakoub-beg, qui régna fort peu de temps avant le sultan ottoman Bajazet le Foudre. A cette époque, l'empire d'Osman s'étendait déjà jusqu'aux Balkans, mais en Asie-Mineure, il ne dépassait guère, comme on le voit, les environs de Seuyud, son berceau.

Le portique qui règne devant la petite mosquée est soutenu par quatre colonnes antiques. D'autres débris d'antiquités se rencontrent encore dans le village Devant la maison du *mudir* ou directeur de cercle (chef de la circonscription

appelée *nâhiyé*), deux stèles, assez grossièrement travaillées, ont été trouvées par les
paysans dans la plaine et ont été recueillies par
les soins d'un fonctionnaire intelligent. L'une
porte une inscription grecque, dédicace votive à
Jupiter tonnant.

Après un déjeûner sommaire avec nos provisions, en route ! La longue plaine s'étend à
perte de vue à droite et à gauche ; devant nous,
au nord, les montagnes que nous avons par-
courues ce matin, en venant de Seuyud ; derrière nous, le massif du Toumanidj-Dagh ; tout
au pied, la nouvelle route carrossable de Kutahia ; de l'autre côté de la plaine, les terrassements du chemin de fer. Pas un arbre, pas
une source ; une petite rivière serpente paresseusement au milieu des roseaux, descendant
lentement vers le Poursak (Thymbrius), dont
elle est un affluent de gauche. Un village circassien (Tcherkess-Keui) composé de maisons
basses en terre battue, et de création toute récente, abri offert par le gouvernement ottoman
à une fraction de ces nombreuses populations
qui abandonnèrent le Caucase, il y a quelques
années, rompt seul la monotonie de cette immense plaine. La route change de direction à
Tchokour-Hiçâr (la forteresse dans un creux),
village que nous trouvons tout en fête : le
Béïram vient d'être proclamé à Eski-Chéhir.

tandis qu'il ne le sera que demain dans les loca-
lités que nous venons de traverser : le comput
lunaire a de ces surprises ! Un café en pisé nous
abrite pendant une ondée ; entre le breuvage
noir d'Arabie et le narguilé bouillonnant, des
paysans vêtus de couleurs voyantes et portant
du linge propre viennent nous saluer, nous
prenant pour des musulmans ; ils se croisent,
en s'inclinant, les bras sur la poitrine, après
avoir fait le geste de baiser notre barbe. Voilà
bien l'Asie-Mineure : le chrétien, relégué dans
certains quartiers des villes ou dans de très
rares villages, est inconnu des campagnes,
toutes peuplées de musulmans, sans exception.

Le prosélytisme, rare chez les musulmans,
s'est exercé en ces contrées, secondé par la main
de fer d'une autorité partiale : ces populations
étaient encore chrétiennes du temps des Seldjoukides ; aujourd'hui elles fournissent à l'armée
des Sultans ses meilleures recrues. Les patois
locaux, ainsi que la grande langue civilisatrice,
le grec, le meilleur véhicule de l'hellénisme, tout
a disparu ; et, depuis un temps immémorial,
depuis sept siècles peut être, le turc est seul
compris de la mer Noire à la Méditerranée.

Après Tchokour-Hiçâr, quelques ondulations
de terrain, larges vagues en dos rond que fran-
chit successivement la route carrossable, toute
droite, affreux spectacle pour le cavalier harassé,

nous dérobent Eski-Chéhir, ainsi que la pluie, qui fait rage. Nous apercevons enfin, au bout de cette plaine interminable, l'ancienne Dorylée, adossée à une montagne basse. A gauche, nous distinguons successivement les villages de Keskin-Keui et de Mottaleb (prononcé Toutalem par nos gendarmes ; mais en quel pays un gendarme se pique-t-il d'être linguiste ?) ; à droite, une profonde tranchée nous dérobe les eaux du Poursak, l'ancien Thymbrius ; du même côté l'horizon est fermé par une chaîne de hautes collines dentelées, sur le sommet desquelles se profilent les ruines d'un vieux château-fort.

L'approche des travaux du chemin de fer a déjà transformé Eski-Chéhir. Sur les bords du Poursak même, à droite et à gauche du pont byzantin de deux arches, reconstruit sous Manuel, s'élèvent des constructions neuves, entre autres un *Musâfir Ilâné-i Umoumi* (hôtel général), sorte d'auberge où l'on trouve deux chambres installées à l'européenne, mais sans cuisine et sans table d'hôte. Les autres chambres sont vides, comme les cellules des khans ; le maître de céans peut vous fournir un matelas à poser par terre, et c'est tout. En bas, un café où l'on nous promet pour le soir un *orta oyounou*, sorte de farce turque que la fatigue nous oblige à renoncer à entendre. D'ailleurs, le Dr Ignaz Kúnos, par ses transcriptions, a suffisamment

fait connaître ce genre de farces populaires. En
face, de l'autre côté de la rivière, un Autrichien
a ouvert une auberge pour les ouvriers de la
voie ferrée, dans une sorte de faubourg. On
indique déjà l'emplacement de la future gare....
il semble que le trafic de la voie soit prêt à s'ouvrir. Saluons ces terrassements encore tout
nus : après Eski-Chéhir, nous ne verrons plus
même ces traces de la civilisation envahissante.
L'eau froide est inconnue. Il y a bien l'eau du
Poursak (dont on semble ignorer le nom dans
le pays, on dit communément *Beuyuk-Sou*, la
grande eau) ; mais personne ne s'en sert : elle
est boueuse et fétide. Les eaux thermales sont
bonnes, mais il faut les laisser refroidir, au
soleil, dans des cruches de poterie, pendant
quarante-huit heures. L'exposition au soleil,
qui paraît d'abord paradoxale, est sans doute
destinée à activer l'évaporation des goutelettes
qui affluent à la surface externe de la couche
poreuse, et·à produire, par conséquent, un
abaissement plus rapide de la température.

La ville est bien telle que l'ont décrite les
voyageurs qui nous ont précédés ; la ville haute,
réservée aux habitations, s'élevant à mi-côte de
la colline ; la ville basse, où sont les boutiques,
les caravanséraïs, les cafés, les bains et les eaux
thermales ; enfin, de l'autre côté du pont byzan-
zantin, le faubourg cité plus haut, et qui semble

récemment fondé : Texier n'en parle pas. Les
mosquées, au nombre de sept ou huit, sont
peu intéressantes ; nous visitâmes celle de
Kourchounlu (la mosquée couverte de plomb)
et celle de Hadji Ala-eddin. La première est
desservie par des derviches tourneurs qui ont
ici un de leurs principaux couvents ; ce détail
nous amuse. A mesure que nous avançons
dans la direction de Konia, nous sommes heureux de rencontrer ici un des principaux digni-
taires de l'ordre des Mevlévis, à qui l'on doit la
conservation et l'embellissement du sépulcre de
Djélâl-eddin Roumi. Mais n'anticipons pas.
Une visite au pieux derviche nous paraît indispensable : nous le trouvons accroupi dans
l'angle d'un salon sans sièges ; il est assis sur la
peau de mouton qui est l'attribut des prieurs
des couvents Mevlévis (*post-nichîn*, assis sur
la peau, expression persane passée en turc).
Pour montrer qu'il n'est pas l'ennemi des
usages européens (les derviches tourneurs sont
les moins fanatiques des Musulmans), il fait gravement introduire un fauteuil, que, pour ne
pas être en reste de politesse, nous repoussons
non moins gravement... le régime des jambes
croisées nous est devenu familier par un long
séjour en Orient. Les sucreries traditionnelles
nous sont servies, à l'occasion de ce petit
Béïram, fin du Ramazan, que le peuple appelle

à cette occasion *Chekiér-béïrâmy* (fête du sucre).
Enfin nous prenons congé et allons visiter la
mosquée de Kourchounlu.

Cet édifice est d'époque turque, ainsi que le
décèle le type bien connu auquel il se rattache,
et qui est dérivé de celui de la Suléïmaniyé,
mosquée de Constantinople, imitée de Sainte-
Sophie ; l'inscription arabe que nous y avons
relevée indique la date et le nom du fondateur :
« A été achevée cette construction bénie sous
le règne du roi de l'époque et du temps, le Sa-
lomon contemporain (le sultan Suléïman le Législateur) [que son empire dure éternellement et
que son bonheur soit toujours renouvelé, par la
grâce de Dieu... et qu'il étende son royaume...]
par l'Asaph de l'époque, le grand de nos temps,
Mevlana Mostafa-pacha [puisse son bonheur
durer !], comme une bonne œuvre à l'égard du
Dieu louable. Chronogramme : « D'un nouveau
bienfait. »

Le calcul des valeurs numérales des lettres
composant le chronogramme donne la date de
l'hégire 921 (1515). Le nom du fondateur n'est
pas sans intérêt : c'est Mostafa-pacha, l'un des
ministres du sultan Suléïman, grand bâtisseur,
auquel on doit entre autres la belle mosquée de
Guébizé, l'ancienne Lybissa, dans le golfe d'Ismid, à deux heures de chemin de fer de Constantinople. Esclavon de naissance et beau-frère

du sultan, ce dernier titre suffit à expliquer sa
fortune. En 1522, il était généralissime de l'expédition de Rhodes. En 1523, il fut rappelé
d'Egypte. Piero Bragadino, donnait, en 1526,
quatre-vingt-quatre ans à Mostafa. La mosquée
de Kourchounlu fut donc bâtie par lui avant ses
grandes missions historiques.

L'autre mosquée, celle de Hadji Ala-eddin,
est plus ancienne. Dans l'idée des habitants du
pays, ce nom serait le même que celui du sultan
Seldjoukide Ala-eddin Kaï-Kobâd. S'il en était
ainsi, cette mosquée serait donc le premier monument seldjoukide rencontré sur notre route.
Malheureusement aucune inscription ne vient
confirmer cette tradition locale, et l'examen de
la construction indiquerait plutôt que ce monument n'a rien à faire avec les souverains d'Iconium, car il ne ressemble nullement à ceux que
nous rencontrerons plus tard. Admettons que
le souvenir populaire s'attache à l'emplacement
d'un ancien monument seldjoukide, non à la
mosquée actuelle. Le plan en est très simple.
C'est un carré recouvert d'un toit en tuiles ; à
l'un des angles un minaret, un porche devant la
porte, et c'est tout. Le plafond est en bois peint
à neuf, comme tout l'intérieur. On remarque
des chapiteaux antiques et divers fragments de
sculpture épars çà et là ; comme nous venons
de le dire, on n'y trouve aucune inscription.

Un court temps de galop nous fait franchir,
en quelques minutes, l'espace découvert qui sépare la ville haute de la ville basse. Le caïmacam (sous-gouverneur) nous réserve une surprise : il nous offre deux petits blocs ou rognons
d'écume de mer. Eski-Chéhir est en effet le
centre de l'exploitation des mines de silicate de
magnésie qui sont situées à huit heures de distance dans la direction de l'est. On sait que l'é-
cume de mer ne sert à rien en Orient, où quelques vieux turcs à longue barbe sont seuls aujourd'hui à cultiver le tchibouk à fourneau de
terre cuite ; le reste du peuple ne fume que la
cigarette ; le cigare européen n'a encore été
adopté que par quelques jeunes gens qui fré-
quentent les cafés de Péra. Ce sel de magnésie
est exporté en totalité en Europe, où, une fois
taillé, il fait le bonheur de générations de fu-
meurs qui usent leur talent à le culotter dans les
règles.

Le bazar d'Eski-Chéhir n'a rien de bien par
ticulier, si ce n'est une fontaine installée récemment par la municipalité. C'est tout simplement une stèle funéraire revêtue d'une inscription grecque de trois lignes : « Lucius Valérius,
à la mémoire de Pulchérie, sa très douce compagne. » On l'a apportée de la nécropole de Dorylée, située à quelques distance d'Eski-Chéhir.
Une ligne d'inscription en langue turque donne

la date de l'érection du nouveau monument.
Beaucoup de tombeaux antiques ont été uti-
lisés par les nouveaux possesseurs du sol
comme fontaines publiques, œuvre pieuse
par excellence en Orient. En parcourant les
rues de Stamboul ou certaines vallées du
Bosphore, telles que la riante contrée où se
trouve la source renommée de Kara-Koulak,
à une heure et demie de distance de Béïcos,
nous avons été souvent frappés par des
sarcophages en marbre blanc transformés en
auges et placés sous le robinet toujours ouvert
de la fontaine. A Bilédjik, nous avons trouvé
un sarcophage encore revêtu de son couvercle
et de ses sculptures. C'est ainsi que l'homme
utilise à de nouveaux usages les travaux de ses
devanciers. Il passe, et le marbre reste. Beau
bénéfice pour les générations nouvelles, quand
le pays est pauvre et la main d'œuvre est
chère ; bel exemple de ce qu'est devenue l'Asie-
Mineure, si riche sous l'administration romaine
et ruinée par quatre cents ans de guerre, de
rapines et de pillage.

CHAPITRE IV

La route des Croisés après la bataille de Dorylée. — Kutahia (*Cotyæum*). — Du danger pour les sites antiques d'être trop près d'une ville. — Tchavdèr-Hiçar (*Aizani*). — Le temple ionique de Jupiter. — Altountach.

Avant de quitter Eski-Chéhir, jetons un coup d'œil sur la route suivie par les Croisés après leur victoire de Dorylée. L'armée, réunie en un seul corps pour éviter la fâcheuse surprise du début de la dernière bataille, piqua droit au sud sur Antiochette (Antioche de Pisidie), en laissant à droite Cotyæum (Kutahia) et Synnada (Eski-Kara-Hiçâr). La route directe avait cependant de nombreux inconvénients : elle est très peu habitée, et devait offrir peu de ressources à cette immense armée, d'autant plus que Kylydj-Arslan, en se retirant, faisait ravager toute la contrée de la façon la plus horrible, en brûlant les villages et en emmenant la population de ces campagnes, encore toute grecque. La route directe, c'est celle qui part d'Eski-

Chéhir et traverse Seidi-Ghazi (Nacoleia), Khos-
rew-pacha-khan et Béyad pour aboutir à
Boulawadin, en face de Tchaï. Elle est plus
courte ; mais elle passe sur de hauts plateaux
où l'on devait bien s'attendre, si les renseignement fournis aux chefs de l'armée par les
guides indigènes étaient exacts, à trouver de
l'eau en quantité insuffisante pour une armée en
marche. Pour l'avoir choisie, sur le conseil des
guides fournis par l'empereur Alexis, il fallait
qu'il y eût bien des raisons pressantes. La route
par Cotyæum n'était pas non plus fort commode ;
si l'on suivait le chemin des plateaux, on avait le
même inconvénient que par Seïdi-Ghazi ; on
trouvait peu d'eau, et des forêts, qui existent
encore aujourd'hui à l'état de taillis dévastés,
auraient entravé la marche ; en outre on pouvait
défendre le passage du Thymbrius au pont de
Kalbourdjyk. D'un autre côté le cours du Thymbrius est fortement encaissé et se prêterait mal
à la marche d'une armée. En outre Cotyæum
semble être encore, à cette époque, entre les
mains des Byzantins ; si les guides grecs ont
conseillé la route directe au sud, par les plateaux de Seïdi-Ghazi, ne serait-ce pas pour éviter
à la vallée du Poursak, peuplée de villages grecs,
le passage du torrent dévastateur formé par
l'armée croisée ?

Quoi qu'il en soit, c'est dans cette terrible

marche de Dorylée à Antiochette que l'armée
croisée éprouva des souffrances affreuses, qui
ne furent dépassées que par celles du siège
d'Antioche en Syrie. La plupart des chevaux
périrent, faute d'eau et de fourrage. Les chevaliers
durent marcher à pied, ou chevaucher sur des
ânes et même des bœufs, étrange spectacle, tra-
gico-comique. Les bagages étaient chargés sur
toutes les bêtes qu'on pouvait rencontrer,
chèvres, porcs ou chiens, et furent en grande
partie abandonnés sur le chemin. La soif fut
terrible, et les Croisés périrent par milliers.
Albert d'Aix a là-dessus des pages effroyables.
Un jour des chiens trouvèrent une rivière ;
l'armée s'y précipita en désordre. et bien des
soldats y laissèrent la vie. Le souvenir de
la marche à travers les plaines de Seïdi-Ghazi
jette un voile sombre sur cette partie du récit
des chroniqueurs.

21 mai. — Nous quittons Dorylée par un
temps épouvantable : une pluie abondante dé-
fonce les chemins, qui deviennent glissants et
dangereux ; l'eau s'accumule dans les bas-fonds,
qu'il faut traverser à gué. Notre petite caravane
est néanmoins guillerette ; les chevaux se sont
reposés pendant toute une grande journée, et
ceux de nos gendarmes sont frais. Entre deux
averses, nous distinguons au-dessus de nos

têtes, surplombant le cours du Poursak et la
plaine d'In-Eunu, les ruines de la vieille forteresse entrevue avant-hier de l'autre rive : c'est
kalat-i-chèhr, la citadelle de la ville. Les murs
noirs et éventrés nous offrent leur face béante ;
mais nous nous contentons de les saluer de loin
sans chercher à approfondir leurs mystères. Rien
ne noie l'enthousiasme comme une pluie qui
tombe sans discontinuer sur le *waterproof* ou
caoutchouc des cavaliers en voyage.
Vers la droite une ferme nous montre les
seuls arbres de la contrée. Ici la route bifurque :
mais nous n'avons pas le choix. Si nous ne voulons pas être condamnés à passer la nuit dans
quelque village écarté, avec un dîner confec-
tionné à la diable, il nous faut renoncer à suivre
le cours du Poursak et prendre droit à travers
deux immenses plateaux déserts, afin d'atteindre Kutahia avant la nuit. Nous tournons
à droite, en contournant la ferme dont nous
venons de parler, et qui nous sert de point de
repère ; puis nous gravissons les pentes qui
mènent au premier plateau, très désert, qui
n'offre que des rochers, de maigres plantes, des
broussailles, avec, de temps à autre, de belles
échappées de vue, entre deux nuages crevant à
l'horizon, sur un pays très mouvementé ; des
arêtes pointues, des failles escarpées, sur la
gauche, au-delà de la rivière, dans la direction

des vastes solitudes de Seïdi-Ghazi. C'est à peine si nous trouvons quelques cultures à Moussi-Euzu, village de Circassiens émigrés et établis là depuis longtemps, peut-être depuis la guerre de Crimée.

A onze heures, nous redescendons dans la vallée du Poursak et nous franchissons le long pont de Kalbourdjyk, pont de quinze arches, les unes romaines, les autres turques. La rivière passe sous une ou deux de ces arches; les autres, s'étendant paresseusement dans la prairie, attendent les grandes pluies d'automne et la fonte des neiges pour faire leur office. Ce nom de *Kalbourdjyk* « petit crible », désignerait, paraît-il, un poisson de rivière qui se rencontre par là; cette acception manque à tous les dictionnaires. Au-delà, un misérable hameau de quelques maisons de charbonniers, construites comme l'*isba* russe, en troncs d'arbres grossièrement équarris ; puis, sur la hauteur, Koumlou-Dervènt, le corps-de-garde du Sable, où l'on s'arrête pour casser une croûte apportée d'Eski-Chéhir dans les bissacs ; on est au moins à l'abri de la pluie, et l'on se réchauffe devant un feu qui servira bientôt à confectionner le café. Ce corps-de-garde est une sorte de cahute à moitié enfoncée sous terre, avec un auvent couvert de branches de pin desséchées. Deux ou trois meurtrières fermées avec des verres épais sont tout ce qui éclaire l'intérieur de ce taudis. C'est là que, toute l'année, habite une brigade de gendarmerie chargée d'assurer la sécurité du transport de la poste. Les uniformes de ces pauvres gens sont en lambeaux; il y a longtemps qu'ils n'ont été renouvelés, et ils ne le seront peut-être pas de sitôt. Nous sommes loin des somptueuses casernes de la gendarmerie en Europe, des buffleteries et du tricorne. C'est un autre monde. Devant le feu, deux voyageurs européens se sèchent. Ils viennent comme nous d'être trempés par l'ondée, bien qu'ils arrivent de Kutahia au lieu d'y aller. Ce sont des ingénieurs chargés d'étudier un avant-projet de chemin de fer d'Eski-Chéhir à Kutahia, branche de celui qui se construit actuellement et continuera dans la direction d'Angora. Comme nous venons de consulter nos baromètres, on nous prend indubitablement pour des ingénieurs appartenant à une compagnie concurrente, et l'on ferme langue et le reste. C'est à cette singulière méprise que nous devons d'ignorer qui nous avons rencontré dans le corps de garde de Koumlou.

Le sentier continue, tracé dans le sable ; il descend dans une vallée où nous retrouvons bientôt, trouant comme une éponge les parois verticales du rocher, les chambres sépulcrales si communes en Phrygie. Au village de

Sidi-Keuï, où la route grimpe de nouveau sur
un plateau élevé, nous remarquons de nombreuses colonnes antiques. Parvenus sur la
hauteur, nous trouvons un site plus agreste
encore que le premier plateau traversé au départ d'Eski-Chéhir : ici le roc affleure partout, les
fers des chevaux râclent à tout bout de champ
ces blocs arrondis de grès. Si courte que soit
la route que nous avons suivie, elle est tellement ingrate que jamais le chemin de fer projeté ne se fera dans cette direction. La ligne du
railway suivra indubitablement la vallée du
Poursak, malgré sa double sinuosité ; car elle
y rencontrera les villages dont elle a besoin
pour alimenter son trafic, tandis que les hauteurs ne lui offriraient que des terres incultes,
et qui le seront à jamais.

Le sol s'abaisse tout à coup devant nous...
A la distance de deux heures de route, on aperçoit distinctement Kutahia qui s'étend gra-
cieusement au pied d'une haute montagne toute
noire d'un orage qui s'avance, pour terminer
dignement la journée. Dans le fond, les contreforts du Mourad-Dagh nous voilent la montagne
elle-même, que nous aurons le loisir de voir de
plus près. Il faut descendre dans cette plaine
qui est à nos pieds ; ce qui se fait en un quart
d'heure environ. Nous photographions en passant un vieux pont turc sur le Poursak que

VIEILLE CITADELLE DE KUTAHIA

nous retraversons encore. Devant nous, une route carrossable, absolument droite, annonce l'approche d'une grande ville ; elle est longue de deux lieues, entre des jardins et des rangées d'arbres. Nous saluons à droite le village tatare de Herli, et nous descendons dans un caravanséraï en terre battue, nouvellement bâti à l'entrée de la ville. C'est un tatare qui l'a construit, et qui y reçoit les voyageurs. Ce tatare de la Dobroudja, digne descendant, sans mélange, des Mongols de Tchenghiz-Khân, est un type étrange ; sa tête aux sourcils ramenés vers les tempes, ses yeux en amande, sa peau ridée, sa face glabre font l'effet le plus comique sous son long fez cylindrique, tout rouge. Ajoutez qu'il est un peu fou, en tous cas très original. C'est là que, pour la dernière fois, nous vîmes des lits en fer.

Notre hôte possède un samovar. Grande joie! Nous enfournons dans la chaudière de cuivre jaune les charbons qui vont faire bouillir l'eau, et en attendant, comme il se fait tard, nous courons au *konak*. Les terrains sont détrempés par la pluie, et il n'est pas commode, dans ces conjonctures, à la tombée de la nuit, d'aller faire visite au gouverneur turc. Malheureusement celui-ci a déjà quitté ses bureaux officiels pour se retirer dans sa maison particulière. Nous ne trouvons au siege du gouver-

nement que deux officiers de police de mauvaise
humeur, peu disposés à nous faciliter la conti-
nuation de notre voyage, non qu'ils aient des
ordres, mais par apathie, malveillance pour les
étrangers et crainte de se compromettre : les
quatre cinquièmes des ennuis racontés si plaisamment, mais avec tant de rancune, par les
voyageurs, proviennent de ce qu'ils n'ont pas
tenu compte de cette disposition d'esprit, générale en Turquie. Mais il ne faut pas leur en
vouloir, à ces pauvres voyageurs : ignorant complètement les langues des pays qu'ils traversent,
et ne voulant pas se donner la peine de les
apprendre, ils commettent balourdise sur balourdise et s'étonnent ensuite de toutes les difficultés
qu'ils éprouvent ! Nous connaissons, nous, la
manière de triompher de la mauvaise humeur
de la police de Kutahia. C'est une visite à faire
ce soir au *mutéssarrif* ; et, bien que nous mou-
rions d'envie de manger et ensuite de dormir,
nous lui faisons demander l'heure où nous pourrons aller le voir. Il nous fait répondre que
devant partir le lendemain, à la première heure,
pour Ouchak où il va combattre une invasion
de sauterelles, il serait désireux de nous voir le
soir même. Le tatare, très obligeant, allume
son fanal (en Turquie, dans les villes, la nuit
venue, on ne peut circuler qu'avec un falot à la
main) et nous guide à travers les rues pavées,

encore humides de la pluie abondante. Méhémet
Véïssel pacha, un Albanais, nous reçoit fort
courtoisement. Non-seulement toutes les difficultés seront levées, mais il nous fait faire la
connaissance du président de la municipalité,
un turc à turban, et nous fait prendre rendez-
vous avec lui pour voir la ville. Tout cela sera
pour demain matin. En attendant, notre dîner
achevé, il est environ minuit ; notre président
viendra nous trouver vers cinq heures du matin : il n'y a pas de temps à perdre, si nous voulons dormir un peu.

L'ancienne Cotyæum a des monuments du
moyen-âge : ce sont des mosquées du quatorzième siècle, à l'époque où elle était la capitale des Sultans du Kermian, descendants
de Kermian-Oghlou dont le fils avait secoué
la domination des princes seldjoukides d'Iconium. Lorsque la pression du gigantesque
Empire Mongol fondé par Tchenghiz-khân et
développé par ses fils et ses petits-fils eut réduit
à néant le lien, déjà fort lâche, qui rattachait à
Konia les vassaux qui commandaient aux principales villes d'Asie-Mineure, Kermian-Oghlou,
le fils de Kermian, se déclara indépendant. Son
père, Kermian-bey, avait laissé la réputation
d'un homme habile et ferme ; « il gouverna longtemps ces contrées, qu'il sut bien défendre »,
dit l'historien ottoman Munedjdjim-Bâchy. Son

fils fonda à Kutahia un état qui dura presque
cent ans. Ce fils, nommé Ali-Chir-bey, eut pour
successeurs Alem-châh, son fils ; Ali-bey, son
petit-fils, qui conçut l'idée de marier sa fille au
sultan ottoman Bayézid le Foudre ; Yakoub-bey,
le fils de ce dernier, et avec qui se termina cette
lignée de souverains locaux. Dans la campagne
entreprise par Bayézid, alors monté sur le trône
d'Osman, contre l'Etat de Tekké, Yakoub-bey
se présenta devant le Sultan avec des présents,
en signe d'obédience; mais soupçonné d'intelli-
gence avec l'ennemi, il fut emprisonné et ses
États saisis. Plus tard il s'enfuit auprès de Tamerlan qui se disposait à envahir l'Asie-Mineure ; il l'accompagna dans son expédition, et
après la bataille d'Ancyre, qui mit l'Empire
Ottoman à deux doigts de sa perte et retarda de
cinquante ans la prise de Constantinople, il se
fit rendre ses États héréditaires, augmentés de
plusieurs provinces. Il fut, dit-on, chargé de
garder Bayézid, prisonnier et malade, pendant
la campagne de Tamerlan dans la province de
Hamid. Mais le redoutable conquérant turc, rappelé dans l'Asie centrale où il mourut, ne fut
pas d'un grand secours au royaume de Kermian.
En 1428 de notre ère, nous voyons Yakoub-bey
se rendre à Brousse pour y rendre visite au
sultan ottoman, Mohammed II, le Conquérant,
qu'il n'y rencontra pas et dut poursuivre jusqu'à

son camp d'Andrinople. Agé de 80 ans, et n'a-
yant pas d enfants, il laissa par testament son
royaume au sultan ottoman et mourut peu de
temps après son retour à Kutahia. Ainsi finit
l'État de Kermian.

Les monuments de cette époque portent des
inscriptions arabes, grossièrement gravées et
difficilement lisibles. Quand nous les compa-
râmes plus tard aux inscriptions tracées par les
lapicides arabes des Seldjoukides, un siècle seulement auparavant, et qui sont si bien conservées, si claires et si élégantes, on sent que
l'action des Mongols s'est étendue en Asie-
Mineure, et que la barbarie y est née de nouveau. Mais n'anticipons pas.

Sur la porte d'entrée du *Medressé Madjidié*
(école de Madjid), en ruines, une inscription
arabe donne la date de 704 de l'hégire, équiva-
lant à 1304 de notre ère ; mais je soupçonne
qu'un mot négligé dans la lecture doit donner
des dizaines élevant ce chiffre de soixante-
dix ans peut-être, pour le faire concorder avec
celui des autres inscriptions. Cinq lignes sur la
porte d'entrée du *Kourchounlou-Djami*, trois
lignes sur celle de la mosquée de *Kalé-i-bâlâ*,
dans la citadelle, donnent, entre autres renseignements, la date de 777 de l'hégire, qui correspond à 1375-1376 de notre ère. Ce serait là la
période brillante de l'état de Kermian, celle où

l'on avait assez de loisirs et de richesses pour
construire des monuments publics. Une mosquée qui passe, mais à tort, pour la plus vieille
de la localité, donne la date 783 (1381). On voit
donc que notre première date de 704 est inexacte
et provient sans doute d'une lecture hâtive et
insuffisante. Quant à la petite mosquée de
Yakoub-Tchélébi, que l'on devrait appeler, du
nom de son fondateur, mosquée d'Ishak le Juri-
consulte, fils d'El-Hâdj Khalil, elle date de
l'époque ottomane : en 837 (1433-1434), il y
avait déjà environ six ans que le pavillon rouge
au croissant argenté flottait sur les murs de
Cotyæum.

Dans *l'Oulou-djâmi*, la grande mosquée (qui
porte le même nom que celle de Brousse, mais
qui ne lui est nullement comparable), nous
prenons sur le fait un de ces actes d'utilisation
qui ont déjà fait disparaître tant de vestiges de
l'antiquité et qui en détruiront encore. Déjà le
chemin de fer contribue à détruire beaucoup
d'inscriptions antiques. Les ingénieurs ont besoin de pierres pour leurs ponts et leurs aqueducs ; ils s'adressent aux indigènes, et malheur
si, dans le voisinage du chantier, il se trouve des
ruines antiques offrant pour rien de belles pierres
toutes taillées ! Il faut dire que la direction
générale des chemins de fer d'Anatolie a fait
tout son possible pour sauver la plupart de ces

monuments, en les conservant soigneusement
ou en en faisant prendre des estampages et des
photographies. Mais à Kutahia on n'en est pas
encore là. Donc, dans *l'Oulou-djâmi*, nous avons
trouvé sur une stèle une inscription grecque
entourant un cartouche et, au milieu de celui-
ci, l'aigle romaine à deux têtes. Cette inscription était malheureusement trop fruste pour en
tirer un sens satisfaisant. Les tailleurs de
pierres rôdaient à l'entour ; il y a bien des
chances pour que cette stèle n'existe plus aujourd'hui.

Kutahia, dans les temps modernes, a été célèbre par sa fabrique de tuiles vernissées à dé-
cors de fleurs, imitation d'une industrie qui a
existé de toute antiquité en Perse, comme l'ont
montré les fouilles de M. et Mme Dieulafoy. Les
mosquées de Constantinople ont des murs
entiers comme tapissés de ce décor élégant et
gracieux. Cette industrie a totalement disparu.
Néanmoins, dans ces dernières années, on a
tenté de la faire revivre ; il y a une boutique où
l'on prépare, non seulement des tuiles vernissées, mais encore des poteries de tout genre,
grossièrement copiées sur d'anciens modèles.
Il y en a un dépôt au bazar de Stamboul ; point
n'est besoin d'aller en Asie-Mineure les déni-
cher. Ces productions modernes d'un art qui s'est
oublié n'ont aucune valeur ; la grossièreté de

leur décor est à cent pieds au-dessous des plus médiocres œuvres de l'ancien Kutahia.

Ascension de la vieille citadelle, par une brillante matinée ; notre cortège se compose surtout d'agents municipaux, tous étrangers à la ville ; ils nous suivent sans difficulté ; mais le président de la municipalité, qui depuis le matin nous faisait avec une urbanité exquise les honneurs de la cité et nous avait tout montré de la meilleure grâce, s'esquive adroitement sous un prétexte quelconque. Etonnés, nous nous demandons ce que signifie ce brusque départ. On nous explique que c'est l'effet d'un préjugé local attaché à cette forteresse en ruines. Tout fonctionnaire qui y monte est sûr d'être destitué à bref délai. Le président, un indigène, qui tenait à sa place, avait obéi à ce préjugé, quoiqu'il en eût honte ; les autres officiers, esprits forts venus de Constantinople ou d'autres lieux civilisés, n'en avaient eu cure et nous avaient suivis sans crainte. Nous eûmes la preuve que l'explication était exacte en retrouvant, à la descente, notre président, la mine souriante et la bouche en cœur, qui nous attendait.

Dans la forteresse on ne retrouve plus aujourd'hui ni le lion de marbre brisé, ni le sarcophage byzantin signalés par Texier. Pour ne pas rentrer bredouille de notre ascension, nous copions tant bien que mal, à travers les nids d'hirondelles et les toiles d'araignées. l'inscription de la mosquée ainsi qu'une inscription grecque sur une pierre encastrée dans les murs d'enceinte, sur la face sud, inscription funéraire sans grand intérêt :

« Lucius et Socratès, en souvenir de Lucius leur père et de [Léod]amia, leur mère. »

22 mai. — Après la visite complète de Kutahia à laquelle fut consacrée la plus grande partie de la matinée, il fallut monter à cheval pour continuer notre route. Le programme que nous nous étions tracé comportant une visite aux ruines d'Aizani, il fut décidé d'abandonner la grande route d'Afyoun-Kara-Hiçâr pour faire ce détour archéologique. C'est là que nous vîmes bien l'avantage du cheval. Si nous étions venus en voiture, il aurait fallu laisser notre équipage et louer de mauvais chevaux avec de plus mauvaises selles, ou renoncer à notre but ; tandis que grâce à nos montures, nous n'avions qu'à tirer sur les rênes pour changer de direction. Tchavdèr-Hiçâr, où sont les ruines d'Aizani, n'est qu'à une petite journée de marche (environ huit heures) de Kutahia. Il n'y a qu'un col à franchir à peu de distance de cette ville ; le reste de la route est facile. On s'engage d'abord dans une vallée très étroite, entre deux murailles de rochers calcaires à pic, éblouis-

santes de blancheur sous le soleil matinal.
Dans les étroits jardins qui paraissent au fond
de cette vallée, croît une espèce de prune spé-
ciale à Kutahia et que l'on nomme la prune
« médicinale » (*hékimâné*) ; ses vertus sont diverses et contradictoires ; fraîche, elle est laxa-
tive ; sèche, au contraire, astringente. On remarque des moulins à turbine comme ceux des
environs de Brousse, mais offrant une décoration originale rappelant une tête de bœuf vue de
face. Les deux cornes en planches sont un simple
ornement ; l'eau est amenée par un canal au
niveau supérieur, se précipite dans un conduit
en forme de tronc de pyramide renversé en
planches frettées, et, sous une pression relativement considérable, fait mouvoir avec rapidité
la meule du moulin.

De gros nuages noirs couvrent l'horizon ; nos
gendarmes sont inquiets, car les pluies sont
parfois abondantes dans ces vallées étroites, et
si nous étions surpris par un grain, nous pas-
serions un mauvais quart d'heure. L'orage
semblant assez loin encore, nous faisons gravir
à nos montures le sentier en lacet qui mène au
col. En redescendant de l'autre côté, nous croisons une joyeuse noce turque. De vigoureux
gaillards, armés jusqu'aux dents, tous montés
à cheval, forment une troupe ; ils brandissent
des pavillons ottomans tout neufs. Ils vont

chercher la fiancée. Les invités attendent en
bas, au bord d'une rivière, et un vieillard res-
pectable, à la longue barbe blanche, fait sa
prière pour passer le temps, devant son para-
pluie fiché en terre, dont il a préalablement
réglé la position à la boussole et qui lui indique
la direction de la Mecque.

On ne rencontre absolument aucun village
jusqu'à la plaine de Tchavdèr-Hiçâr. Le sentier que l'on suit serpente à travers des collines
basses, couvertes de bois clair-semés ; pourtant
il y a de nombreux troupeaux qui paissent çà et
là ; les habitants sont à peu de distance, mais
ils se cachent loin du chemin. L'orage nous
surprend sur les hauteurs ; il est effroyable : le
tonnerre éclate à plusieurs reprises tout près de
nous ; nos compagnons sont inquiets ; les gendarmes abritent sous leurs cabans en poil de
chèvre l'acier de leurs mousquetons. Enfin,
l'alarme cesse, le ciel se rassérène ; une fontaine
d'eau claire dans un site sauvage nous permet
un frugal déjeuner d'œufs durs et de viande
froide apportés de Kutahia.

La plaine d'Aizani semble une vaste cuvette,
absolument nue, entourée de montagnes de tous
côtés. Vers le sud-est, s'élevant comme une bar-
rière, on voit d'assez près la majestueuse masse
noire du Mourad-Dagh, l'ancien Dindymène,
dont les sommets sont étrangement découpés

par des plaques de neige qui résistent à l'ardeur
du soleil. Nous descendons dans la plaine grisâtre. Voici Hadji-keuï, tout nu, sans verdure.
Un arménien de Kutahia, prêteur à la petite
semaine, s'est installé dans le café en terre
battue; il passe des journées entières à fumer
le *tumbéki* dans un *narghilé* qu'il transporte lui-
même de place en place, tout en surveillant la
rentrée des récoltes de ses débiteurs. Une
heure plus loin, nous atteignons Tchavdèr-Hiçâr
(la forteresse du seigle), dont les hauts peupliers
s'aperçoivent à distance, seule gaîté du regard
dans cette plaine dénudée, et cachent les colonnes ioniques du temple. On entre dans le
village en traversant des jardins séparés les
uns les autres par des murs en pierre où l'on
remarque de très nombreux restes d'antiquités,
fragments de corniches et de plinthes, chapi-
taux, fûts de colonnes ; on traverse une forte
rivière sur deux beaux ponts romains encore
debout ; et cette riviere, c'est le Rhyndacus, la
rivière de Mouhalitch, qui va se jeter dans la
mer de Marmara à l'ouest de Brousse.

Tchavdèr-Hiçar, comme la plupart des gros
villages d'Asie-Mineure, ceux où il s'arrête
parfois des voyageurs, possède un *Musâfir-Hâné*
(maison d'hôtes), où le village offre collecti-
vement le gîte à ceux que le hasard amène dans
ses parages. En général, c'est le gros bonnet de

TEMPLE DE JUPITER A AIZANI

l'endroit, désigné en turc sous le nom de
Tchorbadji, qui signifie littéralement marchand
de soupe, mais qui, selon moi, est une appellation datant des janissaires et signifiant « capi-
taine » dans ce corps, qui se charge de fournir
le coucher, matelas empilés sur la terre battue
et une couverture piquée à ramages dite *yorghân,*
et le dîner, où triomphent surtout les œufs sur
le plat, la poule bouillie et l'éternel pilau. Le
Tchorbadji n'accepte rien en échange de son
hospitalité ; c'est un devoir religieux qu'il
exerce ; son domestique seul pourra recevoir
la pièce en échange de ses menus services.
Encore une heure avant le coucher du soleil.
Courons au temple de Jupiter. Dans l'atmos-
phère doucement lumineuse d'une fin de jour à
ces hautes altitudes, l'élégant monument ionien
semble reposer, dans la majesté que lui ont faite
les siècles. Le marbre blanc des colonnes et des
murailles est devenu grisâtre sous la patine du
temps, mais il n'importe : quand les derniers
rayons du soleil viennent dorer ces restes véné-
rables, le temple semble revivre et être jeune
plus que jamais. Les savants en architecture
ont découvert que la proportion de la hauteur
de la colonne à l'ensemble de l'édifice est plus
élancée que celle des autres monuments de ce
style ; qu'elle a beaucoup de rapport avec celle
de l'Erechtéïon à Athènes ; que chaque can-

3

nelure est formée par un demi-cercle et qu'elle
est décorée, dans la partie supérieure, d'un
petit vase en relief qui ne se rencontre dans
aucun autre édifice. Ces détails techniques
rendent parfaitement compte de l'aspect général
du temple, édifice soigné jusque dans les petits
détails, et gardant encore aujourd'hui son
cachet de supérieure élégance. On sait à quelle
infortune ce temple doit d'offrir aujourd'hui au
spectateur un aspect dévasté. S'il n'a pas eu le
sort du Parthénon, s'il a échappé aux bombes
de Morosini et au pillage savant des amateurs
éclairés, il n'en a pas moins failli périr tout
entier au dernier siècle. Les habitants, comme
tous les Orientaux, s'étaient imaginés que les
colonnes de marbre recélaient des trésors considérables ; n'ayant pas réussi à coups de pioche
et de marteau, ils apportèrent des masses
énormes de bois et de fagots, ils en entou-
rèrent l'édifice, ils l'en remplirent au dedans, et
y mirent le feu. Le marbre éclata ; les colonnes
es renversèrent, et il ne resta debout qu'environ la moitié de l'édifice, celle que nous
voyons maintenant.

Les inscriptions latines et grecques qui
couvrent la partie basse des murs de la cella, à
l'intérieur et à l'extérieur, ont été publiées dans
la Description de l'Asie Mineure de Texier. Elles
sont du temps de l'empereur Hadrien ; mais la

construction du temple est plus ancienne et se
rattache, avec vraisemblance, à l'époque où les
rois de Pergame cherchèrent à vivifier la Phrygie Epictète qui venait de tomber entre leurs
mains et élevèrent dans toutes ces régions des
constructions considérables. Si l'expression « di-
catus à regibus », que l'on trouve dans une des
inscriptions de Pergame, désigne les successeurs d'Attale, la preuve est définitivement
faite.

Les deux ponts de Tchavdèr-Hiçâr ont conservé une apparence grandiose qui saisit encore
aujourd'hui. Ils sont en marbre blanc devenu
grisâtre par la suite des temps. Entre ces deux
ponts, on distingue aisément les restes de beaux
quais, ainsi que des débris de monuments funéraires. Ces deux ponts, construits sur le même
plan, ont cinq arches de largeur inégale ; mais
les terres de la rive ont comblé celles qui sont
voisines des culées. Ces ponts sont bien usés,
quoique d'une solidité extrême ; et sur le dos,
l'on remarque les traces de l'usure des roues,
remontant sans doute à l'antiquité, les transports se faisant actuellement sur le dos de bêtes
de somme.

Le théâtre, assez bien conservé, est à une
certaine distance du village actuel. Il faut environ marcher dix minutes à pied au milieu des
champs cultivés pour l'atteindre. Mais on est

bien récompensé de la fatigue d'une marche a
pied en plein soleil, par la vue de l'intérieur de
ce monument. A l'extérieur, ce n'est rien, un
amas de pierres grisâtres, dans le fond du stade;
à l'intérieur, au contraire, les gradins, quoique
formant un certain chaos, conservent encore
leur majestueux ordonnancement. La scène est
presque intacte, et il semble que, d'un moment
à l'autre, il va sortir d'une des portes quelque
personnage vêtu à l'antique, pour réciter devant
le peuple assemblé le préambule d'une comédie
grecque. La chute du paganisme a tout emporté,
et pour retrouver ce théâtre gréco-latin, il fau-
drait retourner à ces villes d'Europe dont nous
venons. Ici, ce passé est bien mort.

Le stade est devant le théâtre. Il conserve
encore sa forme, mais les pierres de la construction gisent à terre. Ce n'est plus qu'une masse
de blocs renversés les uns sur les autres.

23 mai. — Quelques heures de la matinée ont
été consacrées à la visite intégrale des ruines
d'Aizani. En voyage on se lève tôt, et d'ailleurs
le *Musafir-Hâné* d'un village turc n'a rien de bien
attrayant. Un soleil abondant ruisselle sur tout
le paysage. Quel que soit notre désir de nous
absorber dans la contemplation des vestiges du
passé, il faut se remettre en route. Avant de
partir, nous devons songer à renouveler les

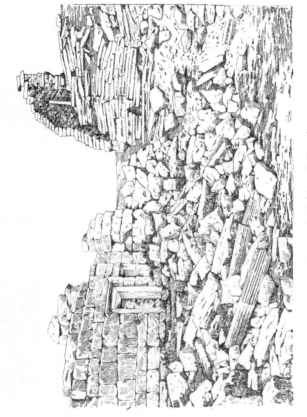

Ruines du théâtre d'Aizani.

pellicules au gélatino-bromure de notre appareil photographique. Un laboratoire obscur est peut-être difficile à trouver dans des régions aussi éloignées. Eh bien, qui le croirait ! on nous montre tout à côté de notre logis, un réduit obscur dont la porte est précédée d'une sorte de portique ; il y a bien un tuyau de cheminée, mais on l'aveugle avec une natte pliée en deux ou trois. L'obscurité est suffisante ; en un tour de main, nos pellicules sont installées à la lueur rouge de la lanterne de voyage, et sans que le paysan qui nous a accompagnés laisse échapper le moindre signe de surprise. En Anatolie, si loin que cette contrée soit de l'Europe, on connaît l'existence de la photographie ou du moins des photographes, et l'on sait, sans trop s'en formaliser, que des *Frénks* vont parfois se promener dans la campagne avec une chambre noire à trois pieds. Personne ne s'en étonne.

Les chevaux sont sellés, le temps presse et la route est longue. Adieu au temple de Jupiter, merveilleux reste d'une religion disparue, dominant encore de son orgueilleuse stature ces campagnes habitées par des indifférents, des ignorants et des barbares ! La plaine toute jaune s'ouvre devant nous. C'est à l'est que nous devons marcher, en contournant par le nord le Mourad-Dagh. Hadji Mahmoud-Keuï, à une heure de distance, est un village très sec, comme

tous ceux des environs d'Aizani ; puis l'on
quitte la cuvette de Tchavdèr-Hiçâr pour s'en-
gager dans des plateaux allongés se dirigeant
vers le levant. A droite, des collines basses et
dénudées nous voilent tout le temps le mont
Dindymène; à gauche, même spectacle. Guémilu-Guérèn, Hastanabo, Nuhuré, villages aux
noms bizarres, Utch-Euyuk (les trois *tumuli*),
marquent les étapes principales de cette longue
marche de dix heures. L'eau est rare, les arbres
sont inconnus ; déjà font leur apparition ces
puits à contre-poids que nous devons rencontrer si souvent en Lycaonie : aux environs des
villages, quelques mares permettent de s'é-
battre à des milliers de canards. En outre, les
oies et les poules foisonnent. On rencontre du
bétail, bœufs et vaches, animaux de labour, non
de boucherie. Ici la terre est jaune, âpre, les récoltes doivent être pauvres. Les maisons de ces
villages sont basses, à un seul rez-de-chaussée ;
des cahutes de pierre, avec des branchages et de
la terre battue pour toit. Par ci par là, des vestiges d'antiquité inquiètent nos regards ; à
Guémilu-Guérèn, dont le nom doit être une
transformation du turc *guémili-véirân* « les
ruines au vaisseau » (*véirân* se prononce généra-
lement *eurèn* en Anatolie), sculptures funéraires
antiques frustes avec des traces d'inscription :

ΕΠΙΓΟΝΟΣ

A Nuhurè, un bas-relief représentant un personnage debout, vêtu de la toge, avec une inscription illisible ; un chapiteau, qui est aujour-
d'hui la margelle d'un puits, porte gravée en relief
une croix latine pattée dont la base est accolée
de deux fleurs à longue tige. A Utch-Euyuk, nous
crûmes trouver la fin de notre journée (il était
six heures du soir et le jour tombait), mais le
village est misérable et nos gendarmes connais-
saient à quelque distance une localité où nous
trouverions bon gîte ; il fallut encore une heure
et quart de cheval. Les minutes paraissent longues lorsque les reins, courbés par la fatigue, ne
soutiennent plus le corps du cavalier... Il était
nuit en entrant à Guèdjek.

Il y a, en effet, là, une maison où le *tchorbadji*
reçoit les étrangers. L'établissement se compose
d'une salle haute, en terre battue mêlée de paille
et crépie à la chaux ; les fenêtres sont de larges
baies ouvertes que l'on ferme au moyen de
volets de bois non peint ; en bas, une cour où
l'on installe ses chevaux tant bien que mal. Le
principal notable de Guèdjek, un homme ins-
truit que l'on appelle Hodja-Éfendi (monsieur
le professeur), nous fait cuisiner dans son
harem et servir à la maison-auberge un dîner

composé d'œufs sur le plat et de deux ou trois
autres mets innommés. Le laitage couronne le
tout : c'est le vrai délice de ces hauts plateaux.
Notre hôte est réellement intelligent. Après le
repas nous causons en prenant le café et en fu-
mant la cigarette. Il se plaint que le pays est
très pauvre : « aucune industrie, dit-il. » Nous
faisons observer que nous avons rencontré de
nombreux troupeaux de bœufs et que l'agricul-
ture semble prospère : « Sans bœufs, on ne peut
labourer. » La construction des chemins de fer
préoccupe tout le monde ; et il faut dire qu'une
des têtes de ligne des chemins de fer de Smyrne-
Aïdin n'est pas loin, à Tchivril, près d'Ouchak,
à trois ou quatre journées de Guédjèk. Mais ce
n'est pas sans appréhension que Hodja-Efendi
voit l'ouverture de nouveaux chemins de fer ; il
ne comprend pas que l'Asie-Mineure n'a qu'à
gagner à multiplier ses débouchés vers la mer,
pour tirer parti de son blé, de ses fruits, de ses
mines. Ces paysans se croient déjà la proie
d'une foule de petits commerçants sans scru-
pules, qui viendront les tromper, et voudront
« acheter bon marché pour vendre cher »,
comme si ce n'était pas là tout le commerce !
« Nous autres Turcs, répétait notre hôte, nous
sommes des niais, et nous serons trompés dans
nos transactions. »
Au fond, il perçait sous ces paroles la haine

fanatique du musulman pour le chrétien, qui
s'enrichit ou se crée une certaine aisance tandis
que le musulman vit de routine, comme ses pères,
et s'effarouche à toute idée nouvelle. Je parle
des paysans et non des gouvernants : c'est
toute une autre paire de manches.

Hodja-Éfendi ne craint pas de gourmander
même nos gendarmes : « Comment ! dit-il,
vous venez une fois par an à Guédjek pour y
toucher le montant de l'abonnement que l'autorité m'a forcé de prendre à la gazette officielle
de la province de Hudâvendiguiâr, soit deux
medjidiés d'argent (environ 8 fr. 50 c.), et vous
ne vous dérangez pas pour me faire tenir les
numéros de cette feuille ? Depuis plus d'un an
je n'ai rien reçu. » Les gendarmes ne savaient
que répondre, car le bonhomme avait raison.
Sous le prétexte que le service de la poste n'est
pas assuré dans ces contrées deshéritées, à
l'exception des grandes villes, on lui volait,
tout simplement, son argent.

Vers dix heures, nous tombons de sommeil,
et notre hôte se retire.

24 mai. — A la première heure, nous sommes
aisément debout : c'est comme une nuit passée
sous la tente, avec ses ouvertures à peine
fermées. Nous partons, le plus tôt possible, car
nous sommes en retard. Les plateaux se creusent

en vallée devant nous ; le chemin descend. A
Kurd-Keuï, on nous montre sur la place de la
mosquée une fontaine formée d'une stèle antique de marbre, en forme de parallélipipède,
revêtue d'inscriptions grecques sur les trois
faces. Celles-ci ont déjà été relevées, ce ne sont
d'ailleurs que des inscriptions funéraires ;
néanmoins nous prenons une copie rapide
des premières lignes. Les villageois désœuvrés,
petits et grands, se ·sont ramassés autour de
nous et claquent de la langue (signe d'éton-
nement et d'admiration) en nous voyant
tracer rapidement sur notre carnet des caractères grecs. Dans la rue qui fait face à la fontaine, à une vingtaine de pas, nous trouvons
deux autres courtes inscriptions dans les jambages de la porte d'une maison en construction.
Les maçons qui y travaillent sont arméniens :
ils ont dû venir de quelque ville voisine, probablement de Kutahia. Les paysans de ces régions ne semblent guère connaître que la construction en pisé ; c'est donc quelque propriétaire
de la ville voisine qui fait élever cette maison.

Une heure plus tard, nous atteignons Altoun-
Tach (la pierre d'or), que l'on appelle ici Altyn-
Dèch ; notons cette variante dialectale. C'est un
village assez considérable, qui a conservé de
l'importance parce qu'il est l'étape obligée entre
Kutahia et Afyoûn-Kara-Hiçâr. Il offre cette

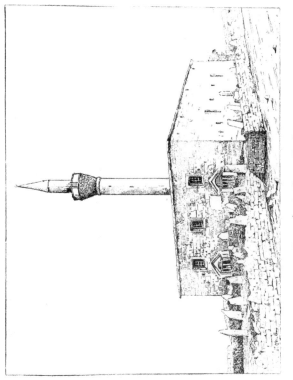

Mosquée d'Alloun-Tach.

particularité que les maisons sont isolées les
unes des autres et que la mosquée, construite
avec des débris antiques que l'on peut distinguer
dans la vue que j'en ai prise, est tout à l'extrémité sud de ce bourg en ordre dispersé. Ce
dernier monument est d'ailleurs moderne et
sans intérêt. Devant la mosquée, dans le cimetière et à côté du pont, une inscription grecque
de deux mots. Le Poursak est ici à sa naissance
et n'a que l'apparence d'un ruisseau

Signalons, vers 11 heures du matin, le petit
défilé d'Osmandjik-keuï ; près du village, on
voit un *turbé* ou mausolée en ruines affectant
des formes antiques. A partir de ce moment,
nous commençons à apercevoir devant nous,
dans le sud-est, les rochers noirs et volcaniques
qui sont la caractéristique d'Afyoùn-Kara-
Hiçâr. Leur aspect sauvage est rendu encore
plus menaçant par un orage qui se prépare ; les
nuées s'accumulent dans ces étroits couloirs découpés en dents de scie ; des roulements loin-
tains, étouffés, ne nous laissent aucun doute
sur l'ondée qui nous attend.

Plus loin, devant le village d'Eyrèt et au bord
de la route, nous voyons un khan monumen-
tal qui semble une église gothique. Ce monument n'est certainement point de l'époque ottomane. Le portail est, comme dans les monuments seldjoukides que nous verrons plus tard,

composé de deux arcs en ogive superposés ; de
ci, de là, des fragments de colonnes et de chapiteaux d'un travail barbare. L'intérieur se
compose d'une nef et de bas-côtés ; les arcs des
cinq travées sont en ogive : ce monument est
certainement du treizième siècle, comme les
caravansérais datés que nous rencontrerons en
nous approchant de Konia. Les murs en sont,
d'ailleurs, tout noircis à l'intérieur et une couche
épaisse de paille, qui semble n'avoir pas été
renouvelée depuis longtemps, offre un moelleux
tapis sous les pieds du voyageur. Ce n'est plus
aujourd'hui qu'une écurie. A côté, un pauvre
café où l'on ne trouve pas grand'chose, mais
qui est au moins un abri contre l'orage.

De là, la route carrossable nous montre encore son long ruban de queue. A l'horizon,
nous voyons bien maintenant le noir massif
des montagnes de Kara-Hiçâr, très déchirées,
très dentelées, avec des fentes profondes qui
laissent entrevoir d'autres dents de scie ; une
nature heurtée, inquiète, sinistre. Nous atteignons Kyzyldjym-Dervèndi, au bout du plateau, et à partir de ce moment, la route n'est
qu'une descente continue, dans une vallée aride,
sans autre distraction que des thermes où l'on
vient chercher la guérison des affections rhu-
matismales. La route débouche enfin dans la
verdoyante plaine de Kara-Hiçâr, en se dirigeant
vers l'un des massifs noirâtres aperçus tantôt.

CHAPITRE V.

Afyoun Kara-Hiçâr. — Ravages de l'incendie. — La
citadelle. — Tchaï et ses monuments seldjoukides. —
Ishaklu. — Ak-Chéhir — Le tombeau de Naçr-eddin-
Khodja.

Après la grande descente de Kyzyldjym-
Dervèndi, on est en plaine ; une terre grasse,
verdoyante, couverte de cultures, et, note gaie à
l'œil, des champs de pavots en fleurs, qui semblent
couverts d'une foule de papillons, les uns
blancs, les autres rouges ou violacés. Tout autour, un vaste cirque de montagnes, sauf vers
l'est, où s'ouvre la région des lacs que nous
devrons côtoyer. Avant d'arriver à Kara-Hiçâr,
on laisse sur la gauche deux ou trois mamelons
volcaniques, restes d'une grande coulée de lave
relevée par les bouillonnements d'éruptions
postérieures et corrodée par les eaux de la
pluie. C'est la caractéristique des environs de
cette ville, tellement qu'un voyageur à qui l'on
montrerait un dessin de ces deux ou trois
cônes, isolés dans la plaine, n'hésiterait pas à

reconnaître la forteresse noire de l'opium, au milieu de cent autres paysages volcaniques. Tout annonce l'approche d'une grande ville. Sur la route, le mouvement des voitures est plus fréquent; outre celles qui ramènent les malades des eaux thermales, il y a les caravanes d'*arabas* qui, à la fin de leur journée, hâtent le pas vers le gîte désiré. Nous mêmes nous hâtons l'allure de nos chevaux, pour arriver à l'étape avant la nuit. Enfin nous tournons le pied de la citadelle perchée sur son roc noir ; voici des maisons, des boutiques, des minarets. Nous sommes arrivés. Rangeons-nous en bon ordre, nos deux gendarmes en tête, nous au centre et notre *saïs* en queue. Comme cela nous ne ferons pas trop piètre figure.

Grande difficulté pour le logement ! Un incendie formidable a détruit, il y a un an, le centre même de la ville, les khans et les bazars ; et, parmi ces édifices, le caravanséraï le plus convenable, qui aurait pu recevoir notre visite. Force nous est de nous installer dans celui qu'on nous donne comme le meilleur de ceux qui restent. Il est vieux malheureusement, et l'étage inférieur est noir de boue, humide et puant. Au premier étage nous découvrons une sorte de salon éclairé par une multitude de fenêtres en bois vermoulu, l'estrade qui occupe les trois côtés, presque la totalité de

la salle, est bien vieille aussi; mais c'est ce qu'il
y a de mieux, contentons-nous en donc. Entre
temps, nous expédions au quartier chrétien
des lettres de recommandation que nous avons
pour des notables arméniens, nous donnons des
ordres pour qu'on nous prépare à dîner, et nous
nous rendons chez le gouverneur.

A cette heure tardive, presque à la tombée
de la nuit, le *mutéssarrif* n'était plus à l'hôtel
du gouvernement. Il faut aller le chercher dans
sa maison particulière, à l'autre bout de la ville.
On nous guide à travers les décombres du bazar
incendié. L'espace brûlé est resté tel quel : sur
les deux rives de l'Akar-Sou, une masse de
décombres et de murs à demi-écroulés indique
l'étendue du désastre. Voici quelques maisons
proprettes ; mais c'est déjà la montagne, car les
rues sont en forte pente et même en escaliers.
C'est là que loge le gouverneur, qui nous fait
un accueil gracieux et nous offre le logis et le
couvert. Nous ne pouvons accepter ; nous avons
pris notre parti de loger au khan, et d'ailleurs
nous y serons plus libres. Demain, au point du
jour, un guide viendra nous y chercher pour
nous montrer la ville. Prenant rapidement congé
du gouverneur, nous retournons par le même
chemin au khan.

Une déception nous y attendait. Pour la première et dernière fois de tout notre voyage,

nous avons failli ne pas dîner. Notre *saïs* avait
trouvé fermées toutes les boutiques de restau-
rateurs, que l'on trouve toujours dans les villes
d'Orient; par bonheur, il avait découvert dans
je ne sais quel coin, du pain et quelque chose
encore. Cet Anatoliote n'en revenait pas ; et lui,
qui avait couru pendant vingt ans sur toutes les
routes d'Asie Mineure, s'écriait piteusement :
« Quelle ville! quelle ville!»

Nous terminions en maugréant notre maigre
repas, lorsque deux invitations à dîner nous arrivent, portées par des domestiques munis de
grandes lanternes. C'était l'effet de nos lettres
de recommandation. Impossible d'accepter après
avoir refusé l'invitation du gouverneur. On nous
offre des matelas convenables : cette fois, nous
acceptons avec bonheur. Au moins, nous dor-
mirons bien une nuit. Nous congédions notre
monde, et avant de nous endormir, nous nous
livrons à une gymnastique énergique, mais dé-
pourvue de charmes, pour arriver à résoudre le
problème suivant : charger des châssis avec des
pellicules au gélatino-bromure dans une chambre
où la lumière entre de tous les côtés ; car on n'a
pas idée comme certaines villes d'Orient ont de
la lumière, le soir. Quelques rues sont éclairées
au pétrole, et presque toutes les habitations.
D'un autre côté nos vêtements ne suffisent pas
à boucher toutes les nombreuses fenêtres dont

nous jouissons. — Néanmoins, en combinant le *waterproof* en caoutchouc et quelques couvertures de lit, nous arrivons à dresser une sorte de tente, parfaitement noire, sous laquelle nous pouvons, sans crainte d'accident, procéder à nos opérations.

25 mai. — Imârèt-Djâmissi, la mosquée de l'hospice, est donnée par les habitants comme la plus ancienne de la ville ; nous avons vu, par un exemple pris à Kutahia, le peu de fond que l'on doit faire sur des allégations de cette nature. Celle-ci est de l'époque ottomane ; construite par Guédik Ahmed-Pacha, elle fut réparée en 1210 de l'hégire (1795-1796), ainsi qu'il résulte de l'inscription en langue turque placée au-dessus de la porte d'entrée. Elle se compose d'une nef surmontée de deux coupoles dont les centres correspondent à l'axe de l'édifice ; la partie centrale, la tangente commune des deux cercles, est supportée par un immense arc en ogive. Sauf cette particularité curieuse, rien d'autre à remarquer dans le style de cet édifice.

Dans un coin perdu, un carré clos de murailles où poussent les mauvaises herbes, nous visitons un vieux *turbé* dans les murs duquel sont encastrés des ornements de travail arabe, entrelacs d'arabesques aisément reconnaissables ; ce sont des débris de quelque monument du

moyen-âge ; mais ce travail de style arabe a vi-
vement frappé notre attention ; il est entièrement différent de tout ce que nous avons vu sur
notre route ; nous allons probablement entrer
dans le domaine de l'art seldjoukide. Nous ne
nous sommes pas trompés : à partir de Kara-
Hiçâr, ces monuments vont se multiplier.
Quant à celui-ci, il se nomme Sahâbéler-Sultan
Turbéssi, le mausolée du Sultan des Compagnons du Prophète.

Par-dessus le mur du cimetière, on a une
bonne vue d'ensemble de la ville. Les toits bas
des maisons sont surmontés des minarets de
quelques mosquées modernes, type de Constantinople, à éteignoir, et surplombant sur le tout,
au fond, la masse noire et escarpée de la montagne que couronnent les ruines de la citadelle.

Allons dans la ville haute. On remarque en
passant la mosquée dite *Yokary-bazar Mesdjidi*,
la mosquée du marché haut, et celle qui est dite
Djâmi-i kébir, la grande mosquée ; malgré son
nom, ce n'est pas la plus grande. Sur la porte
d'entrée est gravé ce passage du Korân (chapitre IX, verset 18) : « Mais ceux qui croient en
Dieu et au jour dernier, qui font la prière, qui
payent le tribut sacré, n'ayant d'autre crainte
que celle de Dieu, visiteront son temple. Pour
eux la voie du salut est facile. › (Trad. de Sa-
vary).

Pour atteindre la citadelle, il faut grimper par
un escalier taillé dans le roc, extrêmement roide,
dont l'amorce est presque au bout de la ville
haute. L'ascension est pénible et lente ; il y a
180 mètres de différence de niveau entre le pied
du rocher et le sommet. Dans l'intérieur de la
citadelle, il n'y a à admirer que la belle vue sur la
plaine, vers l'est ; on retrouve quelques citernes
déjà signalées par les voyageurs. Mais l'étroite
poterne qui donne accès à la forteresse est pour
nous très intéressante, car c'est là que nous
trouvons, pour la première fois depuis que nous
sommes en route, une inscription arabe du
temps des Seldjoukides. Celle-ci est d'Alâ-
eddin Kaï-Kobâd. Voici ce qu'on en peut déchiffrer :

« A ordonné de construire cette demeure élevée, sous le règne du sultan magnifié, Alâ-eddounya weddin (hauteur du monde et de la religion) Kaï-Kobâd , fils de Kylydj-Arslan, la
preuve du prince des croyants.... . »

La lecture en est sûre, mais nous n'y trouvons
pas le nom du constructeur. Les titres que porte
le souverain de Konia sont identiques à ceux
qui figurent sur ses monnaies, et qui ont été
signalés par le numismate et orientaliste Fraehn.
Alâ-eddin Kaï-Kobâd ayant régné de 1219 à
1237, il est clair que la toute dernière réparation
de la citadelle de Kara-Hiçâr remonte au com-

mencement du XIII* siècle. Depuis lors personne ne s'en est plus occupé.

Il faut redescendre ; la matinée s'allonge et le
temps presse. L'ascension de la citadelle nous
a rompu bras et jambes ; après nos chevauchées
des jours précédents, cela nous met tout à fait
sur le flanc.

Dès que nous sommes rentrés dans la ville,
on nous pourchasse ; les notables arméniens
qui n'avaient pu nous avoir à dîner la veille,
veulent qu'au moins nous allions en passant
chez eux prendre ce qu'on appelle le *glyco*, une
cuillerée de confitures et un verre d'eau par-
dessus. Allons-y ! Ces braves gens, que nous
ne reverrons probablement jamais, sont vraiment fort aimables et leur empressement à
nous être agréables nous a laissé un charmant
souvenir. Il faut · s'arracher au repos ; nos
chevaux nous attendent ; il est presque onze
heures et nous ne sommes pas en route ! Enfin
nous rentrons au khan, nous réglons nos
comptes avec le *khandji* (l'hôtelier), avec nos
gendarmes de la veille, avec notre guide du
matin. Il fait un soleil resplendissant, et la
vallée de l'Akar-Sou, toute verte, vibre sous
cette chaude étreinte.

La route d'Afyoun-Kara-Hiçâr à Tchaï est
de peu d'intérêt. La distance est d'ailleurs
courte, à peu près huit heures de cheval. On

AFIOUN-KARA-HIÇAR

côtoie d'abord les contreforts de la montagne
de Kara-Hiçâr, qui fait partie du grand massif
central de la chaîne du Taurus. On a donc la
montagne à droite, et à gauche la plaine, terminée à peu de distance par la chaîne de l'Emir-
dagh. Au milieu, la dépression où coule lentement l'Akar-Sou, qui se dirige à l'est vers
le lac d'Ebèr. Puis, à droite, immédiatement
après une pauvre cabane, un *dervènt* ou
corps de garde de gendarmerie, la seule construction de toute cette plaine, s'ouvre brusquement une vaste échancrure, découpure de
la montagne. C'est la route de Smyrne, car
aujourd'hui les caravanes passent toutes par
là ; à deux journées de marche se trouve la
station terminus du chemin de fer de Smyrne
à Aïdin, Dinair. Nous croisons une caravane
d'Arabes de Syrie, avec bagages, femmes et
enfants. Ces gens viennent d'Adana, et se
rendent à Smyrne. Au premier mot, nous nous
sommes compris ; quelques pièces de monnaie
mettent ces pauvres diables en belle humeur :
« Allah yançor es-Sultân ! » (Dieu rende victorieux le sultan !) s'écrient-ils, nous prenant,
à notre costume et à notre escorte de *zaptiés*,
pour des fonctionnaires ottomans. Ils deviennent vite familiers : mais les gendarmes
interviennent et nous délivrent de leurs étreintes
trop vives.

3*

Cette échancrure de la montagne, qui sépare
le Sultan-Dagh du Kaldyr-Dagh, la montagne
volcanique d'Afyoûn-Kara-Hiçâr, mérite d'at-
tirer notre attention, car les Croisés passèrent
par là. Nous les avons précédemment suivis
d'Eski-Chéhir à Boulawadin, passant par Seïdi-
Ghazi au prix de difficultés inouïes et de pertes
énormes. A Antioche de Pisidie, que Foucher
de Chartres appelle la petite Antioche, aujour-
d'hui Yalovatch, l'armée se reposa et se récon-
forta. Tous les chefs, et Godefroy lui-même, dit
Albert d'Aix, séduits par la beauté des environs,
résolurent de se donner le plaisir de la chasse,
délassement très agréable à la noblesse. C'est au
cours de cette partie de plaisir que Godefroy fit
la rencontre d'un ours qui faillit le dévorer. Raymond, comte de Toulouse, y tomba dangereu-
sement malade et fut sur le point de mourir, au
rapport de Raymond d'Agiles.

Antioche de Pisidie n'est point sur la route de
Constantinople en Syrie ; il faut donc se demander pour quels motifs les Croisés ne passèrent pas au nord du Sultan-Dâgh et contour-
nèrent la montagne par le sud, route plus longue
et surtout plus difficile. Il n'y faut pas voir
d'autre motif que celui d'échapper à une disette
atroce en se refaisant dans un pays plantureux.
Pour gagner Iconium par le nord, il aurait fallu
traverser une région où les eaux courantes sont

encore plus rares qu'entre Eski-Chéhir et Boulawadin ; en dehors de quelques sources, on ne
s'y abreuve qu'au moyen de puits placés de distance en distance pour l'usage des bergers qui
peuplent seuls les solitudes qui règnent entre
les rares points habités Il était facile aux troupes
de Kylydj-Arslan d'empoisonner ces puits et
de rendre le passage impossible aux Croisés. Il
est évident, selon nous, que Godefroy de Bouillon
et son conseil de guerre avaient prévu cette éventualité et que, bien informés d'ailleurs par les
guides grecs fournis par Alexis et nullement
inquiétés par les soldats de Kylydj-Arslan, décidément débandés, ils préférèrent marcher le
long du Sultan-Dagh, par une route certainement très difficile, mais abondante en eau et en
pâturages, qui traverse Yalovatch, Kara-Aga-
tch, Kérélu, Séki-Séraï et Kyzyl-Eurèn pour
aboutir à Konia. Ce chemin côtoie par le nord
les lacs pittoresques d'Egherdir et de Bei-Chèhr,
connus par le voyage du comte Léon de Laborde. Ce qui sauva les Croisés, c'est que les cols
des contreforts du Sultan-Dagh n'étaient pas
gardés, chance que n'eut point Frédéric Barberousse ; l'empereur d'Allemagne ne put forcer
ces passages et fut obligé de gagner, à travers la
montagne, la vallée d'Ak-Chéhir et de reprendre,
nous verrons plus tard au prix de quelles souffrances, la route si sagement délaissée par les

combattants de la première croisade. Si Godefroy de Bouillon avait eu devant lui les troupes
de Kylydj-Arslan et, par un de ces revirements
si fréquents de la fortune, n'avait pas réussi à
les déloger des fortes positions défensives qu'il
leur était facile d'occuper, il s'exposait à être
rejeté dans la vallée du haut Méandre, sa seule
ligne de retraite vers la mer. En ce cas, Dieu
seul sait quand les Croisés auraient atteint la
Terre-Sainte.

En quittant Antiochette, les Croisés passèrent
près d'Iconium ; mais il semble que la capitale
des Seldjoukides, délaissée un moment pour
Nicée par Kylydj-Arslan, était abandonnée :
Baudouin et Tancrède, avec une avant-garde
composée de Flamands et d'Italiens, envoyés à
la découverte, ne rencontrèrent point d'ennemis
et trouvèrent le pays désert. Il n'y avait plus
qu'à marcher devant soi : la mention qu'Albert
d'Aix fait de Butrente prouve que c'est bien,
comme on l'a conjecturé, par le défilé de Kulek-
Boghaz que les Croisés descendirent dans les
vastes plaines de la Cilicie. Le gros de l'armée
suivit au début la même route ; cependant il y
avait encore des habitants dans Iconium, puisqu'ils conseillèrent aux Croisés d'emporter de
l'eau dans des vases et des outres, parce qu'ils
devaient marcher toute une journée sans rencontrer ni rivière ni ruisseau. Ils continuèrent

dans cette direction jusqu'à Erégli, puis ils marchèrent vers le nord-est dans la direction de Gueuksun, l'ancienne Cucusus, et de Marache, qu'ils n'atteignirent qu'au prix de marches pénibles dans des sentiers de chèvres, à travers les parties les plus sauvages du Taurus.

Tchaï n'est qu'un gros village, pourvu d'eaux courantes fort abondantes, qui vont en cascades à travers les rues, les chemins et les jardins, se précipiter dans le lac d'Ebèr, qui nous a paru de loin un vaste marécage — et rien de plus. Les maisons grises, en terre battue, se dressent le long de la route, dans un agréable encadrement de jardins verdoyants et de hauts peupliers ; et par là j'entends bien le peuplier familier à nos yeux d'hommes du nord de la France, qui l'avons vu garnir toutes nos routes. Il paraît que c'est un essai de colonisation botanique tenté par le gouvernement turc et qui a, d'ailleurs, parfaitement réussi. A ces altitudes, le climat est rude en hiver ; la flore est analogue à celle de l'Europe centrale. Tchaï doit sa fortune à sa situation ; elle est une étape forcée sur la route de Kara-Hiçâr à Konia ; Boulawadin, où sont les autorités turques, à trois heures de Tchaï, est en dehors de la route commerciale et, par suite, délaissée. Depuis le moyen-âge, la grand'route passe par Tchaï ; ce fait est établi par les monuments seld-

joukides que nous y avons étudiés. Les soldats
de la Iʳᵒ croisade sont passés par Boulawadin ;
mais c'est qu'ils venaient directement de Dorylée (Eski-Chéhir) par Séidi-Ghâzi et la région
déserte de Khosrev-pacha-Khan.

A Tchaï, on trouve au moins un khan tout
neuf ; et ce n'est pas à dédaigner, après le vieux
caravanséraï, tout sale, de la forteresse noire
de l'Opium. C'est une grande cour ; tout autour,
il y a des chambres précédées d'une sorte de
portique à colonnes de bois sec, non peint, dont
les poutres supportent une terrasse plate en pisé.
Sur la façade, un café et une chambre d'honneur ; celle-ci est déjà occupée par le fils du
Grand'maître des derviches tourneurs : nous ne
pouvons la lui enlever de force. Les murs en
terre sont à peine secs ; mais il n'y a pas ici le
moindre danger à *essuyer les plâtres*. Le fait est
que nous n'avons pas été le moins du monde
indisposés pour une nuit passée entre quatre
murs de terre humide, et ce fait s'est renouvelé
à plusieurs reprises.

Ce gros village est sur la route de Konia, le
dernier point administratif relevant de Brousse.
On nous avait prévenu que l'autorité n'y est
représentée que par un maréchal des logis de
gendarmerie, et que, comme l'aménité et la politesse décroissent à mesure qu'on descend
l'échelle administrative (comme en tous les pays

du monde sans exception), nous aurions peut-
être quelques difficultés de ce chef. Aussi étions
nous sur nos gardes Il paraît que ce *tchaouch*
aime à trancher du maître en la bourgade où il
est roi ; mais nous lui montrâmes que nous n'a-
vions pas peur de lui. Et de fait, il se montra toujours, à notre égard, d'une politesse suffisante.
Nous le retrouverons au retour et pourrons
faire plus ample connaissance avec lui.

26 mai. — Nous partons le plus rapidement
possible, car nous comptons consacrer un bon
temps à étudier les monuments qu'on nous a
signalés. L'un est un caravanséraï construit
sous le règne de Ghiyâth-eddin Kaï-Khosrau II ;
l'autre un *medressé* ou collège bâti à la même
époque. On ne voit que le portail : c'est un
charmant spécimen de la décoration arabe du
moyen-âge. Voici les deux inscriptions qui
datent ces monuments, transformés aujourd'hui
en magasins de céréales, remplis de blés, impôt
de la dîme payée en nature aux fermiers du fisc,
et dont il est impossible de visiter l'intérieur.

Porte d'un ancien caravanséraï à Tchaï :

« A ordonné (la construction) de ce khan,
sous le règne du grand Sultan (Ghiyâth) eddounya w'eddin (Appui du monde et de la religion) Kai-Khosrau, fils de Soleïmân (?). .....
l'esclave impuissant, Yakoub..... à la date de
l'an 657 (1259). »

Porte d'un ancien collège à Tchaï :

« A ordonné de construire ce collège béni,
sous le règne du grand Sultan, du roi.....
Ghiyâth-el-Alem, eddounya w'eddin (appui de
l'univers, du monde et de la religion) Kaï-
Khosrau, fils de Soleïman . . (sa puissance
est à Dieu!) l'esclave faible et qui a besoin de la
miséricorde du Dieu très haut, Abou'l-Hâmid
Bouâ (?) Omar (que Dieu lui pardonne)!»
Sur cette même porte il y a une inscription
répartie en deux cartouches, où je lis les mots
suivants en arabe : « Travail de Ghalbek (?), fils
de Mohammed.» C'est le nom de l'architecte.

Le plus grand des souverains d'Iconium, Ala-
eddin Kaï-Kobâd était mort en 634 (1236-1237)
et son fils Ghiyâth-eddin Kaï-Khosrau II lui
avait succédé. Jeune et faible d'esprit, il sacrifia
ou exila les grands les plus dévoués à l'Etat,
sur les conseils perfides de Saad-Eddin, son ministre ; mais éclairé enfin sur le rôle de ce
traître, il le fit mettre à mort et suspendre,
dans une cage de fer, aux murailles de la forteresse. Cette cage de fer tomba un jour par hasard sur l'un des spectateurs, un musulman,
qu'elle tua du coup, de sorte que l'on put dire
que « le pervers, même après sa mort, avait encore fait du mal.» L'Empire fut tranquille pendant quelque temps. En 637 (1239-1240), Baba-
Ishak se révolta à Kefr-Sout, bourgade dépen-

dant de Samosate ; cet individu simulait une
grande piété et parvint ainsi à rattacher de
nombreux turcomans à sa cause, ainsi que des
indigènes ; il vint s'installer ensuite dans une
caverne située sur les hautes montagnes d'A-
masia, où il se faisait passer pour prophète.
Ghiyâth-eddin envoya contre lui l'un de ses
beys, nommé Mobâriz-eddin, qui le vainquit,
le prit et le pendit avec ses disciples.

En 641 (1243-1244), une armée mongole entrant pour la première fois en Asie Mineure,
vint assiéger Erzeroum et s'en empara. Ghiyâth-
eddin, qui avait levé des troupes en toute hâte,
fut défait complètement près de Tokat ; il s'enfuit à Konia, et les Mongols détruisirent de
fond en comble Tokat et Kaïssariyé (Césarée
de Cappadoce). Deux serviteurs dévoués de la
dynastie des Seldjoukides , un émir nommé
Mudhahhib-eddin et le cadi d'Amasia, se ren-
dirent auprès de l'empereur mongol et con-
clurent la paix, à la condition du versement
d'un tribut annuel. D'un autre côté, les Arméniens de la petite Arménie avaient saisi cette
occasion, dit l'historien que nous suivons, de
faire du mal aux musulmans d'Asie Mineure.
C'est au milieu de ces troubles que Ghiyâth-
eddin apprit la conclusion de la paix avec les
Mongols.

Les historiens occidentaux mentionnent le

projet d'alliance formé entre Baudoin II, empereur latin de Constantinople, et Ghiyâth-eddin,
après la prise de Césarée par les Mongols.
Cette alliance devait être cimentée par un mariage du sultan musulman avec la nièce de
Baudoin, la fille d'Eudes de Montaigu. L'empereur grec, Vatace, parvint à faire rompre ce
projet ; il eut même une entrevue avec Kaï-
Khosrau à Tripoli du Méandre, où les deux souverains renouvelèrent leurs anciens traités.
Tels sont les événements que rappellent les
deux portails de Tchaï.

Nous reprenons notre route après une halte
d'environ une heure, à travers les gais jardins
entourés de murs en terre, à l'ombre des grands
peupliers. Dans le lointain, à notre gauche,
nous entrevoyons ce grand marécage qui est
appelé lac d'Ebèr par les cartographes, et dont
les bords sont couverts de roseaux et de broussailles. A moins de trois heures de Tchaï, le
village d'Ishaklu nous offre une surprise. Une
porte en beau style arabe, à stalactites, est
ouverte : on pénètre dans une enceinte au fond
de laquelle une porte fermée est celle d'un ancien khan bâti sous le règne d'Izz-eddin Kaï-
Kâous ; et dans l'espace carré formé par l'enceinte. une mosquée, dit-on, à demi-enfoncée
sous terre, et orientée dans un axe un peu différent de celui du caravanséraï.

Porte du caravansérai d'Ishaklu.

Sur Ishaklu, le *Djihân-numa*, description géographique de l'Asie Mineure due à la plume du polygraphe ottoman Hadji Khalfa, se contente de la maigre notice suivante :

« C'est une bourgade située à un relais de distance d'Ak-Chéhir, à l'ouest sur la grand'route : elle s'étend le long de la route à l'orient. A un relais de distance, il y a un khan pour les voyageurs ; c'est le siège d'un cadi. » Le khan dont parle Hadji-Khalfa est celui que nous vîmes : il est en ruines, et au-dessus d'une porte en pierre grise qui en fait partie, on lit l'inscription arabe suivante :

« (Edifice) impérial ! A reconstruit ce khan, sous le règne du sultan très grand, Izz-eddounya w'eddin (gloire du monde et de la religion, le victorieux, Kaï-Kâous, fils de Kaï-Khosrau, preuve du prince des croyants, moi, son serviteur, Djoudjémé Ali, père de Hoséin, en l'an 607. »

Au-dessus de la porte de l'enceinte extérieure de ce même caravanséraï, on lit cette inscription arabe plus complète :

« [A élevé] cette construction et ce caravanséraï béni, sous le règne du sultan magnifié, du grand roi des rois, dominateur des peuples, du sultan des sultans arabes et persans, Izz-eddounya w'eddin (gloire du monde et de la religion), l'aide de l'islamisme et des musulmans, le

victorieux Kaï-Kâous, fils de Kaï-Khosrau, fils
de Kaï-Kobâd, le co-partageant du prince des
croyants (que Dieu éternise son Empire !), l'esclave faible, El-Mir, fils de celui qui a besoin de
la miséricorde de Dieu, Boghâ Ali, fils de
Hoséin (que Dieu lui accorde une belle fin !),
dans l'année 647, correspondant à l'année du
Porc des Ouïgours. »
L'an 647 de l'hégire va du 16 avril 1249 au 5
avril 1250. Cela correspond bien au règne d'Izz-
eddin Kaï-Kâous II. En 644 (1246-47), après la
mort de Ghiyâth-eddin Kaï-Khosrau II, les
grands avaient, d'un commun accord, mis sur
le trône son fils aîné Izz-eddin Kaï-Kâous II, en
lui associant ses frères Rokn-eddin Kylydj-
Arslan IV, et Alâ-eddin Kaï-Kobâd II. Ce
prince eut pour premier ministre le *sâhib* Chems-
eddin Mohammed el-Isfahâni, pour second l'é-
mir Djélâl-eddin Karataï, de la famille turcomane des Karataï que nous retrouverons sur
les monuments de Konia, pour *mélik-el-oméra*
(chef des émirs), l'émir Chems-eddin, pour *alâ-
bek* (commandant des troupes), l'émir Asad-ed-
din, pour *pervânédji* grand chambellan), l'émir
Fakhr-eddin Atâ, et pour *nichandji* (garde des
sceaux) l'émir Chems-eddin Mahmoûd. En très
peu de temps le premier ministre, le *sâhib*
Chems-eddin, trouva moyen de se défaire de ses
rivaux et de rester seul maître. Il n'en profita

guère ; l'empereur mongol, suzerain du sultan
d'Iconium, établit Rokn-eddin Kylydj-Arslan
IV comme souverain, et porta une sentence de
mort contre le *sâhib* ; mais le protégé mongol
fut défait dans un combat livré contre son frère,
à la suite duquel les deux frères se réconci-
lièrent. Ils eurent un bon ministre en la personne d'Izz-eddin el-Atâbéki.

Sur ces entrefaites, un ambassadeur ou com-
missaire mongol vint annoncer la révocation
d'Izz-eddin Kaï-Kâous II et l'inviter à compa-
raître à la cour du suzerain mongol. Les deux
frères, pour apaiser le ressentiment de celui-ci,
prirent la résolution d'envoyer des cadeaux à la
cour du Kyptchak, par la voie de la Mer Noire,
en compagnie de leur frère cadet Alâ eddin-
Kaï-Kobâd II, qui mourut d'ailleurs pendant le
voyage, dans la grande steppe de Tartarie, avant
d'arriver à Kara-Korum. Sans tenir compte de
ces dispositions, le résident mongol pour l'A-
sie Mineure, qui siégeait à Kars, le *noyân* Bâï-
djou, sous le prétexte de retards apportés au
payement du tribut annuel, marcha contre Izz-
eddin, qui fut battu et contraint de se réfugier
dans la forteresse d'Adalia. Il quitta bientôt
cet asile pour se rendre auprès de l'empereur
grec Théodore Lascaris, qui se trouvait alors à
Sardes, son frère Rokn-eddin ayant été définitivement reconnu comme souverain de Konia
par les autorités mongoles.

Réfugié à la cour de Byzance, où régnait
Michel Paléologue depuis le 15 août 1261, Izz-
eddin Kaï-Kàous y fut accusé de comploter
contre la vie de l'empereur, emprisonné et
finalement enlevé par le khan des Tatares de
Crimée, Barkaï-Khan, qui avait épousé sa
tante maternelle, dans une pointe hardie en
plein hiver sur le château d'Enos. Il resta en
Crimée dix-huit ans, au bout desquels il mourut
de chagrin et de maladie, en 678 (1279).

Le caravanséraï d'Ishaklu date des premières années du règne d'Izz-eddin, époque de
tranquillité et de calme où les ministres et les
grands pouvaient songer à élever des hôtelleries
pour abriter les voyageurs.

Un déjeuner nous a été préparé dans le café
d'Ishaklu. Figurez-vous une terrasse en terre
battue, surplombant l'unique rue du village, et
ouverte à tous les vents ; quelques matelas sur
une estrade ; au milieu, un plateau de bois rond
posé sur deux planches servant de pieds ; sur le
plateau, deux ou trois plats de cuivre étamé
couverts d'un couvercle surélevé ; entre chaque
convive, une galette, sorte de pain mou sans
mie ni croûte, et une cuiller de corne ; enfin
tout autour, le monde pêle-mêle, voyageurs,
zapliés, saïs, notables du village qui se sont
invités eux-mêmes : dans les plats, des potages
invraisemblables, des œufs sur le plat extraor-

Porte du Tach-Medressé à Ak-Chéhir.

dinaires. Voilà ce que c'est qu'un déjeuner soigné
à Ishaklu.

Nous repartons vers midi. Le chemin est
moins monotone. A chaque instant l'on quitte
le tracé de la voie carrossable, qui ne sert pas à
grand'chose parce que les ponts en bois sont en
mauvais état, pour passer à gué quelque ruisseau qui descend de la montagne. A 3ʰ 40, nous
atteignons Ak-Chéhir, la *ville blanche*, coquet-
tement assise au pied du Sultan-Dagh, au
débouché d'une fente qui verse des eaux abondantes dans les rues pavées, transformées en
ruisseaux. Dès l'entrée, le *Tach-medressé*, l'école
de pierre, nous frappe par son apparence de
monument arabe, construit avec des débris
antiques. Nous ne nous trompons pas, la
lecture des inscriptions nous indique un *medressé*
d1 temps d'Izz-eddin Kaï-Kâous Iᵉʳ. Cela est
un peu informe et mal venu ; dans l intérieur
on voit des chapiteaux antiques servant de bases
de colonne; l'un d'entre eux, d'un aspect assez
bizarre, présente l image d'une corne d'abon-
dance taillée en relief. A l'intérieur de la coupole
d'un vieux *turbé* en ruines, court une frise
élégante composée de passages du Coran en
belle écriture koufique.

Inscription de la porte du *Tach-medressé* :

« A ordonné la construction de ce collège
béni, sous le règne du grand Sultan, du roi des

rois magnifié, l'ombre de Dieu dans l'univers,
Izz-eddounya w'eddin (la gloire du monde et de
la religion, le victorieux Kaï-Kâous, fils de
Kaï-Khosrau, fils de celui (qui a été surnommé)
la Preuve du prince des croyants [que Dieu
éternise l'élévation de leur maître à tous
deux !] l'esclave faible et qui espère dans la
miséricorde de son doux seigneur, Abou'l-
Maâli, l'étalon de l'Empire et de la religion,
Ali ben Hasan Emirdad [que Dieu lui pardonne
ainsi qu'à tous les musulmans !], dans le mois
de moharrem de l'année 613. »

Izz-eddin Kai-Kâous Iᵉʳ succéda à son père
(et non son frère, comme l'énonce par erreur
l'historien turc Munedjdjim-Bâchy), Ghiyâth-
eddin Kaï-Khosrau Iʳʳ, lorsque celui-ci mourut
martyr de la foi musulmane dans un conbat
livré à l'empereur grec Théodore Lascaris près
d'Antioche du Méandre. Dès le début de son
règne, il fut assiégé dans Césarée de Cappadoce
par son frère Alâ-eddin Kaï-Kobâd, destiné
plus tard à lui succéder, et qui fut le plus grand
prince de cette dynastie.

Kaï-Kobâd avait trouvé des secours chez son
oncle Toghrul, gouverneur d'Erzeroum, et chez
Léon II le Grand, roi de la petite Arménie.
L'historien musulman prétend que Césarée fut
délivrée par suite de la défection du roi d'Arménie, Plus tard Izz-eddin s'empara de Sinope

sur les chrétiens; une *razzia* avait fait main basse
sur l'empereur grec de Trébizonde, Kyr-Alexis
Ier, le grand Comnène, pendant qu'il était à la
chasse. Il conclut la paix en rendant à celui-ci
ses États, moins la ville même de Sinope.

A côté du même monument, sur une pierre
posée à terre contre le mur, se trouve l inscription arabe suivante, de quarante ans plus jeune
que la précédente :

« A construit ce couvent de derviches (*Khân-
kâh*), sous le règne du grand sultan, ombre de
Dieu dans le monde, Izz-eddounya w'eddin
(gloire du monde et de la religion), le victorieux
Kaï-Kâous, fils de Kaï-Khosrau..... sultan, le
compagnon illustre, le ministre magnifié, gloire
de l'Empire et de la religion, Ali (fils de) El-
Hoséin (que Dieu accepte ses actes et lui fasse
atteindre, dans ce monde et dans l'autre, l'objet
de ses désirs !). An 659. »

L'an 659 de l'hégire va du 6 décembre 1260
au 26 novembre 1261. Ce monument est l'un
des derniers du règne d'Izz-eddin Kaï-Kâous II.
Nous avons donné ci-dessus un aperçu assez
complet des vicissitudes qui frappèrent ce prince,
victime des Mongols, l'un des plus malheureux
de cette dynastie. La pierre qui porte l'inscription provient évidemment d'un monument
aujourd'hui détruit.

En montant dans la ville haute, le long de

petites ruelles toutes propres, emplies du bruis-
sement des eaux courantes, le *turbé* dit de Seïd
Mahmoûd Khéïrâni nous frappe par ses formes
étranges ; c'est la première fois, sur notre route,
que nous rencontrons une coupole en forme de
pyramide octogone, si caractéristique des régions
lycaoniques, et que nous retrouverons doré-
navant si souvent, à Ilghin et à Konia. Je crois
même que l'aire de ce type de construction est
beaucoup plus étendue que la Lycaonie, qu'il se
retrouve en Cappadoce et en Arménie ; je l'ai vu
même dans une région bien différente, sur les
bords du Caystre, à Ephèse (Aya-Soulouk). Ce
turbé comprend un ensemble de constructions
qu'il faut étudier en détail. Après avoir franchi
la porte du mur d'enceinte, nous trouvons à
droite une mosquée d'apparence mesquine, qui
a été sans doute l'objet de nombreuses recons-
tructions, mais qui a conservé, encastrée dans
sa muraille extérieure, une inscription arabe
d'Alâ-eddin Kaï-Kobâd :

« A eu lieu la construction de cette mosquée,
sous le règne du grand sultan, Alâ-eddounya
w'eddin (élévation du monde et de la religion),
Kaï-Kobâd, fils de Kaï-Khosrau, fils de la
Preuve du Prince des croyants, par les soins du
pauvre esclave qui a besoin de la miséricorde
du Dieu très haut, Ferroukh-Châh, fils de
Kalbataï, de Konia, à la date du 1er rébi I 621
(23 mars 1224). »

Nous reviendrons plus loin sur Alâ-eddin
Kaï-Kobâd, à propos des monuments de Konia.
Ce n'est qu'après avoir franchi une seconde
porte que l'on arrive près du *turbé* proprement
dit, celui qui est surmonté de la coupole en pyramide à huit pans. La lecture de l'inscription
placée sur la porte d'entrée est assez pénible ;
mais le déchiffrement est suffisant pour voir
que le nom de Seïd Mahmoûd est attribué à
tort, par le vulgaire, à cet édifice, puisque celui-
ci renferme le tombeau de Sidi-Mouhyi'ddin,
arrière-petit-fils du Seïd Mahmoûd. Ce mausolée
a été réparé en 812 de l'hégire (1409-1410) et l'inscription est de cette époque. Enfin la coupole
octogone a conservé des débris de la décoration
en briques émaillées qui la recouvrait jadis, et
par bonheur, l'une de ces briques nous donne
le nom de l'ouvrier qui les fit, Ahmed ben
Abdallah de Mossoul, quelque potier d'origine
persane peut-être, qui était venu apporter à la
cour de Konia son talent pour revêtir la brique
cuite d'un émail brillant. Dans l'intérieur du
mausolée, il y a quatre sarcophages en bois
noir brillant qui doit être de l'ébène ou du teck,
ornés d'arabesques et d'inscriptions persanes.

Après avoir visité cet intéressant monument,
nous redescendons le long de la rivière, où l'on
rencontre des traces de monuments antiques,
des fragments sans caractère. Puis nous sor-

tons de la ville. Nous devions une visite au tombeau de Naçr-eddin Khodja : on sait que le facétieux auteur auquel on attribue la plus grande collection de calembredaines et de coq-à-l'âne qui soit au monde, repose à Ak-Chéhir. C'est au milieu du cimetière musulman, clos de murs, que s'élève le mausolée de l'auteur du *Sottisier*, monument très simple, à larges baies ouvertes ornées de ·grillages en bois. A l'intérieur, un tombeau musulman dans le style ordinaire, avec l'inscription suivante en turc et en arabe :

« Ce tombeau (est celui) du défunt pardonné, Naçr-eddin Éfendi. (Récitez) la *Fâtiha* pour son âme, 386. »

C'est là tout. Le chiffre 386 ne signifie rien ; l'année de l'hégire nous reporterait à 996 de notre ère ; c'est un peu ancien pour ce vieux fou de Naçr-eddin, car les traditions qui composent toute l'histoire du célèbre diseur de sottises se rattachent au séjour de Tamerlan en Asie Mineure, c'est-à-dire aux premières années du XV⁰ siècle de notre ère. Ce monument ne nous apprend donc absolument rien sur la personnalité de Naçr-eddin. Néanmoins, comme Ak-Chéhir n'est pas riche en hommes célèbres, ce mausolée occupe la place d'honneur du cimetière, et attire les regards ainsi que les dévotions d'une foule de braves gens qui n'y voient pas plus loin que le bout de leur nez.

Tombeau de Naçr-eddin Khodja à Ak-Chéhir.

En rentrant en ville, sur une fontaine, non loin du *Konak* ou palais du gouvernement, nous lisons une inscription en langue arabe de l'époque ottomane :

« Ce magasin (ou château-d'eau, *Khâzina*) a été reconstruit sous le règne du sultan Mohammed [fils de] Mourad, [fils de] Mostafa, en l'an 877 (1472-1473). »

Cette inscription est postérieure de vingt ans à la prise de Constantinople. Le pouvoir des sultans ottomans, maîtres incontestés de la Roumélie, commençait à s'affirmer en Anatolie par des travaux d'édilité, en attendant que la chute définitive de la famille de Karaman à Larenda fût le signal d'une main-mise complète sur l'Asie-Mineure, prélude des grandes conquêtes de Sélim Iᵉʳ.

CHAPITRE VI.

27 mai. — A partir d'Ak-Chéhir, la route conduit franchement dans l'est. Nous abandonnons le Sultan-Dagh, que nous avons côtoyé depuis Tchaï ; nous apercevons bientôt sa masse imposante se profiler au couchant et fuir vers le sud. La plaine, de terre grasse et inculte, est recouverte d'une herbe abondante. Voici, sur un monticule, le village de Kara-Euyuk (le *tumulus* noir), que l'on appelle aussi Lapa-kalè, « la forteresse cataplasme » sobriquet injurieux donné par des voisins jaloux ; un peu plus loin, Gulnès, vers la gauche, le *dervènt* ou corps de garde de Yilan-Yousouf ; le gros bourg d'Arghut-Khané, au milieu de jardins entourés de peupliers, avec un beau pont de deux arches ogivales, et une inscription arabe illisible entre les deux. L appareil de ce pont est extrêmement soigné, et nous devons avoir là

Pont d'Arghut-Khané.

un monument de la belle époque, mais des efforts répétés n'ont pu tirer aucune interprétation de l'inscription arabe. C'est dommage ; peut-être d'autres voyageurs seront-ils plus heureux. Les maisons du bourg d'Arghut-Khané sont construites en terre battue, une sorte de glaise mêlée de paille hachée ; les terrasses sont tenues par de forts piliers en bois bien sec, troncs d'arbres simplement décortiqués : tout cela respire l'aisance. La ceinture de jardins fait de cette bourgade une oasis au milieu de la vaste plaine.

La route monte ensuite sur un plateau dénudé et faiblement ondulé pour aboutir à Ilghin. Il n'y a plus par ici de route carrossable ; les voitures elles-mêmes suivent l'ancien chemin, un sentier tracé par les pas des voyageurs. A vingt minutes avant d'entrer dans ce gros village, qui mérite à peine le nom de ville, nous trouvons l'établissement thermal d'Ilidja, qui remonte à l'antiquité et a été réparé sous les Seldjoukides et les Ottomans. A en croire Hadji-Khalfa dans son *Djihân-Numâ*, la coupole qui surmonte cette construction aurait été élevée par Alâeddin Seldjoûki (Kaï-Kobâd). Dans Ilghin même, quelques ruines du moyen âge : un ancien bain, en ruines. servant aujourd'hui d'atelier de potier ; peut-être est-ce là tout ce qui reste du Tchiftè-Hammàm (bain double)

construit, au rapport du même polygraphe,
par Ghiyâth-eddin Kaï-Khosrau (probablement
II, la date de 660 hég. donnée par Hadji-Khalfa
étant forcément inexacte). Un vieil *imarèt* ou
hospice, entourant la nouvelle mosquée bâtie
dans le style de Constantinople, est connu sous
le nom de *Bèdèslan*, le marché aux étoffes. Enfin
un petit *turbé* à coupole pyramidale à huit pans
attire nos regards avant de quitter Ilghin.
A partir de ce moment,nous sommes en plein
pays brûlé, dans la vraie Catacécaumène des
anciens ; le lac d'Ilghin, à gauche, dans une
cuvette formée par des collines, est un marais en
train de se dessécher : bientôt après. nous apercevons la grande steppe salée qui occupe toute
la partie centrale de l'Asie-Mineure, et le mi-
rage nous joue le tour d'y faire apparaître de
vastes nappes d'eau qui n'y existent point, car
le Touzlou-Gueul (lac salé) est bien loin sous
l'horizon. Plus de sources, plus d'eau courante :
des puits avec de longues perches à contre-
poids rompent seuls la monotonie du paysage.
La route carrossable reprend à partir d'Ilghin ;
pendant six kilomètres, elle est toute droite à
travers la plaine nue ; ensuite elle s'infléchit sur
la gauche, à la hauteur de Tcherkess-Keuï, un
pauvre village d'émigrés circassiens, composé
de cahutes à ras de terre ; elle traverse une
petite rivière sur laquelle est jeté un pont,

d'origine antique, reconstruit sous la domination ottomane ; puis elle monte et descend des flancs de coteau, larges ondulations, dernier remous des montagnes que nous avons à notre droite et que nous devrons contourner pour gagner Konia.

Le soir nous surprend à Cadin-khan, le caravansérai de la Dame, un gros bourg. A l'entrée, à droite, une lourde construction carrée est bâtie en pierres fournies par des monuments funéraires et des stèles revêtues d'inscriptions grecques; c'est encore un magasin du fisc, et une inscription arabe placée au-dessus de la porte d'entrée, presque illisible, sauf la date, nous y fait voir un monument du commencement du treizième siècle : l'année 620 de l'hégire (1223) correspond au règne d'Alâ-eddin Kaï-Kobád Ier. Le reste est incompréhensible, sauf l'indication d'édifice impérial (*es-sullâni*) qui figure en tête et qui nous fait penser que cette construction est bien le caravansérai de la Dame, qui a donné son nom à la bourgade.

Encore un khan tout neuf et convenable ; décidément le logis s'améliore à mesure que nous gagnons dans le sud-est. L'ouverture de voies carrossables, même incomplètes, même non terminées, a décidément été un bienfait pour ces contrées déshéritées, puisqu'elle a été une impulsion pour le commerce ; la multi-

plication des hôtelleries en est la meilleure
preuve.

28 mai. — Le lendemain nous reprenons notre
route, moins monotone que la veille, car au
lieu de suivre la route carrossable, nous
contournons les montagnes de plus près
pour gagner Ladik, la *Laodicœa combusta* ou
Καταχεχαυμένη des Latins et des Grecs, *Al-Lad-
hikiyat Al-Mahroûka* des géographes arabes.
C'est bien là le pays brûlé par excellence; il y
fait une chaleur torride, malgré l'altitude; on
ne respire pas, et il n'y a pas d'eau, sauf un
maigre ruisseau qui va bientôt se perdre sur les
confins de la steppe salée. Ladik est on ne peut
plus misérable ; de loin il a quelque aspect pittoresque, parce qu'il est encadré d'un cirque de
hautes montagnes, sur lesquelles se profile son
minaret de briques; le village lui-même est
surélevé au-dessus des terrains environnants,
qui descendent en pente douce vers le nord,
dans la direction du désert salé : c'est sans
doute l'acropole de la ville antique qui a em-
pêché le site de périr et de perdre son nom;
mais ce n'est aujourd'hui qu'un ramassis de
misérables taudis, amas de pierres assemblées
sans ciment. Aucune maison n'a plus d'un rez-
de-chaussée. Le sol est jonché de ruines antiques,
et surtout les environs immédiats du village,

par exemple une prairie que l'on est tout étonné
de trouver dans une pareille désolation. Cependant il y a là quelque industrie rudimentaire :
on y tisse, chez les paysans, des tapis et des
bissacs. Pendant l'été, les habitants se retirent
dans un *yaïlak* (campement d'été) où il y a
quelques arbres, des sources et une vingtaine
de maisons ou plutôt de huttes en planches ;
on l'aperçoit à une demi heure du village, perché sur les premières pentes de la montagne.
Le poste de gendarmerie n'est qu'une cahute
au milieu de ce pauvre village, une seule pièce
où hommes et chevaux habitent ensemble. Il
n'y aurait pas lieu d'en parler si, au lieu du
café traditionnel, on ne nous y avait servi une
sorte de décoction très agréable, dont il ne nous
a pas été possible d'apprendre la préparation,
et qui est je suppose, une pâte d'abricots torré-
fiés qui se conserve ainsi pendant longtemps.
Ne nous attardons pas davantage dans ce
pauvre réduit. Un chemin assez mauvais, très
roide, contourne les versants de la montagne à
laquelle Ladik est adossé. Une source abondante de bonne eau se jette de la double bouche
en bronze d'une fontaine dans une vasque de
marbre, débris de l'antiquité. Remarquons cette
source : c'est la dernière fois que nous verrons
de la belle eau dans cette région. Le versant de
la montagne qui regarde Konia, les sources de

Méram, les puits à contre-poids de la plaine ne donnent que de l'eau pesamment chargée de sels calcaires, blanchâtre et laiteuse. Puis la route monte et descend plusieurs fois jusqu'à un col assez bas, qui est, de ce côté-ci, la ligne de partage des eaux entre la vaste steppe salée, que nous avons eue tout le temps sous les yeux au nord, auquel nous tournons maintenant le dos et qui va disparaître, et l'immense cuvette inculte et déserte sur le bord de laquelle Iconium s'est élevé. A partir de là nous descendons rapidement. Une tache noire dans le lointa n, à quelque trente kilomètres encore, c'est le but de notre voyage. Mais elle disparaît bientôt : nous descendons toujours, nous rejoignons la route carrossable, et nous atteignons notre dernière étape, Dokouz.

Dokouz-hané Dervèndi, le corps de garde des neuf maisons, appelé ordinairement, par abréviation, Dokouz, est situé dans un creux assez profond qui coupe l'uniformité de la plaine dans laquelle nous nous trouvons maintenant. Il y a loin d'y avoir neuf maisons : Dokouz est un caravanséraï du moyen-âge, au devant duquel on a réservé une écurie qui sert de logement à quatre ou cinq gendarmes, pêle-mêle avec leurs chevaux. De l'autre côté de la route, une fontaine et un pré de quelques mètres carrés. L'inscription placée. suivant l'usage, au-dessus

MOSQUÉE D'ALA-EDDIN A KONIA

de la porte du khan indique qu'il a été construit sous le règne du prince seldjoukide Ghiyâth-eddin Kaï-Khosrau Iᵉʳ :

« J'ai mis ma confiance en Dieu ! »

« (A ordonné) la construction de ce caravanséraï *(ribât)*, sous le règne du sultan magnifié,
Ghiyâth-eddounya w'eddin (secours du monde
et de la religion), le victorieux, Kaï-Khosrau,
fils de Kylydj-Arslan, aide du prince des croyants, son *sâhib*, l'humble serviteur, le pauvre
qui a besoin de la miséricorde du Dieu très
haut, Hâdji Ibrahim (fils de) l'émir Lâdhichân,
à la date du mois de moharrem 607 (juillet 1210).
Œuvre d'Othmân, père d'Abd-el-Rahmân. »

L'intérieur est une grande nef de 28 pas de
long sur 18 de large, y compris les bas-côtés,
séparés de la portion principale par cinq travées
formées par des arcs en ogive. Au bas du deuxième pilier, à droite, un fragment d'inscription
grecque semblant provenir d'un autel dédié à
Mars : ΑΡΗΙΦΙΛΟ.....ΦΡ.

C'est à Dokouz que nous trouvons la plus
hétéroclite brigade de gendarmerie qui se puisse
imaginer. L'un des *zapliés* qui nous accom-
pagne a un armement de fantaisie et un habillement extraordinaire : le dolman d'ordonnance,
sur une chemise de nuit en cotonnade de couleur ; il est vrai qu'en cours de route, et à l'approche du chef-lieu de la province, il tira de son

4·

bissac son pantalon d'uniforme et le revêtit sans descendre de cheval. Quant au second, c'était plus fort encore : c'était un tout jeune homme, de dix-sept ans à peine, qui, réclamé par le service militaire, quoiqu'il eût encore trois ans à attendre, avait jugé à propos de se mettre à l'abri des poursuites du commandant de recrutement, en se rendant auprès de son père, gendarme à Dokouz, et de l'y suppléer ! Nous eûmes d'ailleurs le plaisir de rencontrer en route le père du réfractaire et de les voir, tous deux montés sur le même cheval, nous accompagner jusqu'à Konia.

A six heures du soir, nous entrons à Iconium, sans avoir, depuis Dokouz, rencontré autre chose que des puits d'eau saumâtre avec leur longue perche.

Maintenant que nous avons traversé sans encombre le pays désert qui s'étend entre Ilghin et Konia, jetons un regard en arrière et étudions la marche des troupes de Frédéric Barberousse à travers cette même contrée.

L'armée de la troisième croisade avait franchi les Dardanelles à Gallipoli au moyen de navires fournis par l'empereur grec : elle avait traversé successivement les villes de Pergame, de Sardes, de Philadelphie, de Laodicée. De là elle s'avança dans l'intérieur en remontant la vallée du Lycus jusqu'à Dinair, où elle livra bataille

aux troupes d'Izz-eddin Kylydj-Arslan II, qui
occupait alors le trône de Konia. Cela se passait dans l'été de 1189. Ils furent vainqueurs
et s'ouvrirent la route de l'intérieur. Mais
quelle désolation ! « Nous entrâmes dans les
déserts de la *Turquie*, dit Tagenon, doyen de
Passaw, pays horrible et plein de marais
salés ; nous y trouvâmes des troupeaux de
moutons, de chèvres... Les paysans turcs, ef-
frayés de notre arrivée, les y avaient laissés,
abandonnant leurs tentes, et s'étaient retirés
dans les montagnes. Comme nous les croyions
nos amis, nous ne touchâmes à aucun de leurs
animaux, qui pourtant nous auraient été bien
nécessaires. La nuit suivante, nous ne trouvâmes sur la frontière de ce pays ni verdure,
ni herbe, ni sources. »

Frédéric trouva enfin un guide pour tirer l'armée de ces lieux déserts et impraticables. La
relation anonyme publiée par Canisius nous
donne de précieux détails sur le chemin que
l'on suivit. Un prisonnier turc eut la vie sauve, à
la condition de mener l'armée hors de ces régions
effroyables. Il conseilla de prendre un chemin
qui se trouvait sur la gauche et qui, « quoique
fort difficile, conduirait l'armée dans les campagnes de la *Turquie* où l'eau ne manquerait pas
et d'où les pèlerins pourraient aller, par un pays
plat et de ville en ville, jusqu'à la riche Icone. »

L'armée traversa donc le Sultan-Dagh pour
descendre à Ak-Chéhir. que les chroniqueurs
des croisades appellent de son nom antique de
Philomélium. Elle perdit beaucoup de chevaux
à la descente ; mais ce n'était qu'un faible dommage en comparaison de ce qui l'attendait encore. Impossible de se procurer des vivres, les
Turcs, sur l'ordre du Sultan, les ayant cachés
ou emportés au loin. Chaque jour il fallut
combattre des ennemis sans cesse renaissants.
Un combat se livra entre autres « auprès d'un
fleuve qui allait se perdre dans un lac voisin : »
ce doit être à Ilghin. Un autre jour on aperçut
un marais, peut-être à Ladik. L'armée y passa
deux nuits, toujours poursuivie. Enfin on ar-
riva devant Iconium.

La position de la petite armée, très réduite,
était devenue fort critique. On agita le projet
d'abandonner le chemin d'Iconium et de se
rendre dans la petite Arménie ; mais les chevaux succombaient en grand nombre ; jamais
les Croisés ne pourraient aller jusque là. Il fallait donc emporter la ville d'assaut. Un grand
combat s'engagea devant les portes de la cité :
les défenseurs furent refoulés derrière les rem-
parts, ceux-ci escaladés et les portes brisées.
Un butin énorme tomba aux mains des Croisés,
à la suite de la prise de la ville. « Nous entrâmes, dit Tagenon, dans le parc du Soudan,

où nous trouvâmes des ruisseaux et de la verdure. » Ce parc était à une certaine distance
de la ville. Les Croisés ne purent s'emparer du
château où le sultan s'était réfugié ; ce fut l'occasion de faire la paix. Bientôt après, l'armée,
en sécurité cette fois, put continuer sa route
dans la direction de Larenda pour y passer les
gorges du Taurus qui mènent à Séleucie par la
vallée du Calycadnus, où Frédéric Barberousse
devait si inopinément trouver la mort.

CHAPITRE VII

Konia s'aperçoit longtemps avant qu'on y
arrive, au bout de la vaste cuvette à fond plat
où elle est presque la seule localité habitée, avec
ses deux annexes de Sillé et de Mérâm. Cette
cuvette est vide ; c'est un désert. Suivant la tradition locale, dont Hadji-Khalfa s'est fait l'écho,
cette plaine était autrefois une mer : le divin
Platon l'aurait desséchée. La première partie
de la légende doit être vraie ; rien n'a l'aspect
d'un lac desséché comme cette plaine. La seconde est sujette à caution ; Dieu sait quelle
tradition locale s'est transformée en cette légende bizarre.

Quoiqu'il en soit, on ne saurait imaginer rien
de plus étrange que l'existence de cette ville
d'Iconium, isolée du reste du monde, pour ainsi
dire, en réalité une oasis dans un désert : ce

phénomène est dû aux sources de Mérâm. Les
ruisseaux d'eau courante qui sortent de la montagne et vont se perdre dans le désert sont la
seule raison d'être de cette ville. Ce sont ces
eaux qui abreuvent les jardins d'alentour ; en
dehors de leur rayon d'action, c'est d'un côté, la
montagne aride, de l'autre, la plaine inculte,
jusqu'à deux jours de marche.

Quand on se rapproche de la ville par la
grand'route venant du nord, on distingue surtout une élévation qui attire les regards au milieu de la ligne droite formée par les terrasses
plates des maisons : C'est une colline, peut-être
artificielle, dans tous les cas la seule de la région. On y voit quatre monuments, séparés les
uns des autres par de larges espaces vides :
c'est, du nord au sud, les ruines du palais des
Seldjoukides, la mosquée d'Alâ-eddin Kaï-
Kobâd reconnaissable à la coupole pyramidale
à huit pans qui la surmonte, la tour de l'horloge, reste d'une église chrétienne et enfin l'é-
glise double des Grecs et des Arméniens. Autrefois cette colline était entourée d'un mur de
briques, au rapport de Texier ; mais aujourd'hui
il n'en reste rien, non plus que des murs de la
ville, ainsi que nous le verrons plus tard.

Notre première visite devait être pour la mosquée d'Alâ-eddin. La façade n'en est pas uniforme ; elle se compose de fragments rebâtis à

différentes époques. Cinq inscriptions arabes ne
laissent aucun doute sur l'époque de la fondation de la mosquée ; elle a été commencée par
Izz-eddin Kaï-Kâous Ier en 616 de l'hégire
(1219-1220) et achevée par Alâ-eddin Kaï-Kobâd
en 617 (1220-1221), l'année suivante. C'est Ayâz
el-Atâbéki, quelque affranchi de l'*atabek* ou
commandant en chef des troupes, remplissant
les fonctions d'administrateur de cette mosquée,
qui l'a fait bâtir et s'est adressé pour cela à un
architecte de Damas qui a eu la bonne idée de
léguer son nom à la postérité, Mohammed ben
Khaulan le Damasquin.Les portes sont chacune
d'un dessin différent, mais en tout cas merveil-
leuses. C'est un spécimen admirablement con-
servé de l'art arabe au XIIIe siècle. Voici d'ailleurs la traduction des inscriptions de la façade :

PREMIÈRE INSCRIPTION.

« A ordonné l'achèvement de cette mosquée
bénie, le sultan magnifié Alâ eddounya w'eddin (grandeur du monde et de la religion), le victorieux, Kaï-Kobâd, fils du sultan martyr Kaï-
Khosrau Ier (fils de) Kylydj-Arslan II, preuve
du Prince des croyants. »
Il y a lieu de faire remarquer que ces titres
sont identiques à ceux d'une monnaie de la collec-

Porte de la mosquée d'Alá-eddin.

tion de l'Académie des Sciences de Saint-Péters-
bourg, sauf le titre de « martyr » donné à Kaï-
Khosrau, père d'Alâ-eddin, parce qu'il mourut
sur le champ de bataille en combattant les
troupes de l'empereur Lascaris, ainsi que nous
le verrons un peu plus loin.

DEUXIÈME INSCRIPTION.

« L'administration (est celle de) Ayâz el-
Atâbékî.
« Œuvre de Mohammed ben Khaulan ed-
Dimachki (de Damas.) »

TROISIÈME INSCRIPTION.

« Au nom de Dieu, clément, miséricordieux.
A ordonné la construction de cette mosquée le
sultan victorieux Izz-eddounya wéddin (gloire
du monde et de la religion), sultan de la terre et
des deux mers, le victorieux Kaï-Kâous, fils de
Kaï-Khosrau, fils de Kylydj-Arslan, preuve du
Prince des croyants, dans le courant de l'année
616 (1219), sous l'administration de l'esclave qui
a besoin de la miséricorde de Dieu, Ayâs el-
Atâbéki. »
Remarquez la différence de l'orthographe du
nom de l'administrateur : ici, Ayâs, et là Ayâz.
C'est pourtant le même homme. Dans la
bouche des Turcs, l'*s* et le *z* se confondent vo-

lontiers. Une monnaie frappée à Siwâs prouve
que Kaï-Kaoûs Iᵉʳ avait effectivement pris le
titre de « sultan victorieux » *Es-soltân el Ghâlib*.
C'est dans la dernière partie de son règne que ce
souverain fit entreprendre la construction de
la mosquée de Konia.

QUATRIÈME INSCRIPTION.

« Au nom de Dieu, et que le salut soit sur son
prophète ! A été achevée cette maison de Dieu
sous le règne du sultan magnifié Alâ eddounyà
weddin (grandeur du monde et de la religion),
le victorieux, Kaï-Kobâd, fils du sultan heureux
et martyr Kaï-Khosrau, fils de Kylydj-Arslân,
fils de Masoùd, aide du Prince des croyants,
par les soins du pauvre esclave qui a besoin de
la miséricorde de Dieu, Ayâz, administrateur,
el-Atâbéki. An 617 (1220-1221). »

CINQUIÈME INSCRIPTION.

« A ordonné la construction de cette mosquée
et du mausolée purifié (qui s'y trouve renfermé)
le sultan magnifié (Alâ) eddounyâ w'eddin, le
victorieux, Kaï-Kobâd, fils du sultan martyr
Kaï-Khosrau, fils de Kylydj-Arslan, aide du
Prince des Croyants, sous l'administration de
l'esclave Ayâz el'Atâbéki, en l'an 616 (1219-
1220.) »

Encadrements des inscriptions de la façade de la mosquée d'Ald-eddin.

Les énonciations de cette inscription sont
légèrement contradictoires avec celles de deux
des précédentes, car il semble bien d'après ces
dernières, que ce n'est pas Alà-eddin qui a ordonné la construction de ce monument, mais son
frère et son prédécesseur Izz-eddin Kaï-Kàous ;
Alà-eddin n'a fait que l'achever. Quant au
tombeau purifié, c'est le mausolée situé à l'intérieur de la mosquée et dont nous parlerons plus
loin.

Dans un cartouche circulaire, au-dessus de
la porte de droite, on voit une inscription arabe
sur faïence, en lettres blanches sur fond bleu,
avec ces mots : « Le sultan magnifié Alà-
eddounya w'eddin. » Enfin, au-dessus d'une
petite porte dans le mur ouest, dans la partie
réparée, ainsi qu'au-dessus d'une autre petite
porte murée, on lit l'inscription suivante, répétée
deux fois : « Le sultan magnifié. Alà-eddounya
w'eddin, le victorieux, Kaï Kobàd, fils de Kaï-
Khosrau, fils de Kylydj-Arslan. » La seconde
de ces deux inscriptions semblables est à
demi-enterrée sous le toit en terre battue d'une
petite construction adjacente.

Les encadrements de ces inscriptions sont on
ne peut plus curieux à étudier. La première
inscription est tracée sur quatre lignes séparées
l'une de l'autre par un filet horizontal de la
largeur de celui qui encadre le texte tout entier.

Autour règne un cadre octogone inscrit lui-
même dans un cadre carré, surmonté d'un
auvent ou corniche de marbre supportée elle-
même par quatre consoles ; le cadre repose sur
une fenêtre aujourd'hui condamnée. La troisième
inscription, de cinq lignes, est simplement
entourée d'un filet et repose dans un encadrement qui affecte la forme d'une fenêtre. C'est
un arc en ogive, dentelé, reposant sur deux
colonnettes dont le fût est strié. Entre le cadre
de l'inscription et le sommet de l'ogive, il y a
place pour une sorte d'écu hexagonal, ayant au
centre une étoile à six rayons flanquée de six
carreaux hexagonaux. On dirait des armoiries.
Au-dessus de la porte située à l'extrémité de
la façade, à droite en faisant face à celle-ci, et la
seule qui soit ouverte aujourd'hui, un rond de
faïence émaillée répète encore une fois le nom
du sultan Alâ-eddin, ainsi que nous venons de
le voir.

Quand on a pénétré dans la cour de la mosquée, on a devant soi, au milieu de plusieurs
tombeaux plus ou moins modernes, un mausolée ou *turbé* surmonté d'un toit en pyramide
à huit pans qui s'aperçoit de très loin. C'est là
que sont enterrés la plupart des prédécesseurs
d'Alâ-eddin, et en tout cas le *sultan martyr*,
Ghiyâth-eddin Kaï-Khosrau I ʳ. Tous les tombeaux, au nombre de huit, sont recouverts de

faïence à lettres blanches en relief sur fond
bleu ; mais lors des réparations successives que
ce mausolée a subies, les plaques ont été re-
posées en désordre, de sorte que les inscriptions
sont illisibles. J'ai pourtant réussi à lire, en
réunissant plusieurs plaques de faïence dissé-
minées et retournées, l'inscription suivante :

« O Dieu ! à lui la louange. Le possesseur de
ce parterre (tombeau) est le sultan martyr, qui
espère en (la miséricorde de Dieu, Kaï-Khosrau)
le victorieux Kylydj-Arslan, fils de Masoûd. »

Ce *turbé* est éclairé par des fenêtres situées à
une certaine hauteur. Au-dessus de l'une d'elles
on lit :

« Œuvre de Yousouf, fils d'Abd-el-Ghaffâr.
Le droit appartient à ceux à qui Dieu a accordé
la meilleure part, ainsi qu'à tous les musulmans. »

C'est le nom de l'architecte.

Derrière ce *turbé* est la mosquée proprement
dite, dont le plan est conçu d'après celui de la
vraie mosquée arabe, comme il y en a de beaux
spécimens dans les mosquées d'Amr et de
Touloun au Caire, la cathédrale de Cordoue, la
grande mosquée des Oméyyades à Damas. Le
toit, en bois, est supporté par quarante-deux
colonnes, dont les chapiteaux offrent la variété
la plus surprenante ; les ouvriers syriens qui
travaillaient pour le compte des Seldjoukides

ont dû ramasser là tout ce qui restait de l'ancienne *Colonia Aelia Hadriana*, nom que portait
Iconium à la fin de l'Empire romain. Cette
mosquée, abandonnée pendant longtemps, est
actuellement l'objet de réparations, qui viennent
même d'être achevées à l'heure où j'écris ces
lignes. Elle possède, à côté du *mihrâb*, un bijou
des plus remarquables dans son *minbèr* ou
chaire à prêcher, en bois noir *(ébène ou teck)*
découpé à jour en fines arabesques. Sur le bras
droit de la chaire, une inscription arabe en
caractères *nèskh*, sans points diacritiques, nous
donne d'une façon malaisée à déterminer, le
nom du fabricant, originaire d'Akhlât en Arménie, avec la date de 550 de l'hégire, par conséquent soixante-six ans avant l'achèvement de
la mosquée :

« Œuvre du maître Mecquois (Zizèni?) le pe-
lerin d'Akhlât, qui a été terminée dans le mois
de Rédjèb de l'an 550 *(septembre 1155)*. »

Puisque la mosquée de Konia nous a rappelé
à la fois les noms de Ghiyâth-eddin Kaï-Kosrau
Ier qui y est enterré, et de ses deux fils Izz-
eddin Kaï-Kàous Ier et Alâ-eddin Kai-Kobâd,
trois souverains sous lesquels le royaume des
Seldjoukides d'Iconium atteignit son plus haut
degré de splendeur, on ne nous en voudra pas
d'évoquer, d'après des documents récemment
mis au jour par M. Houtsma, et qui n'ont pas

encore été traduits, ces trois grandes figures de
l'Asie-Mineure au moyen-âge.

Examinons d'abord, d'un peu plus près qu'on
ne l'a fait jusqu'ici, la catastrophe où le premier
de ces trois souverains perdit la vie. « Sur la
route d'Ala-Chéhir (Philadelphie), raconte le
traducteur turc de l'historien Ibn-Bibi, il se
livra . une grande bataille entre les troupes
grecques, composées de Grecs, de Francs, de
Bulgares, de Hongrois *(angaroûs)* et d'Allemands,
et celles du sultan d'Iconium. Le *tekfoûr* (souverain, *taka-bara*, porte-couronne) byzantin
avait été renversé de son cheval ; les serviteuis
du sultan voulaient le tuer, mais celui-ci ne le
permit pas, le fit remonter à cheval et lui rendit
la liberté. Pendant ce temps, les troupes by-
zantines, ayant vu la perte du *tekfoûr*, s'enfuirent, et l'armée du sultan se livra au pillage,
tandis que celui-ci restait seul. A ce moment
passa près de lui un Franc, que le sultan prit
pour un homme de sa maison et auquel il ne fit
pas attention. Après avoir dépassé le sultan,
ce Franc retourna la tête de son cheval et d'un
coup de javelot tua le sultan. Il le dépouilla de
ses armes, se joignit à une troupe de Grecs qui
s'enfuyaient et disparut. Lorsque Lascaris le
vit, il lui commanda de retourner chercher le
corps du sultan, et quand on le lui apporta,
il se mit à pleurer, et ne pouvant supporter

cette situation, il ordonna d'écorcher vif le
Franc.

« L'armée musulmane s'enfuit après qu'on
eut connaissance de la mort de Kaï-Khosrau.
Dans ces défilés et ces vallées, beaucoup furent
tués, beaucoup noyés, beaucoup moururent en
s'enfonçant dans la boue.

« Lascaris fit embaumer le corps par des
musulmans établis dans les environs d'Ala-
Chéhir, et le fit enterrer *comme par emprunt*
(*àriyyèt rèsmindjè*), c'est-à-dire provisoirement,
dans un cimetière musulman. Ensuite, après
ces événements, on le transporta à Konia où
on le déposa sous la coupole où reposaient déjà
ses ancêtres.

« C'est à la suite de négociations, dit ailleurs
le traducteur turc d'Ibn-Bibi, que le corps du
sultan *martyr* (tué à la guerre contre les chrétiens) fut ramené à Konia. Le *Basilios* (l'empereur grec) dépensa beaucoup d'argent en cadeaux aux *háfyz* (gens qui savent le Coran par
cœur) et aux pauvres qui l'accompagnèrent (vingt
mille pièces d'or) ; il fit suivre le cortège par
des troupes jusqu'aux frontières de ses Etats.

« Lorsque le corps du sultan eut été apporté
à Konia et qu'on l'eût enterré à côté de son
grand-père, de son père et de son frère, le sultan
régnant (Kaï-Kaous Ier) se rendit le lendemain à
la coupole pour la visiter, joignit trente mille

pièces d'or à celles que le *Basilios* avait données :
une partie de cet argent fut distribuée sur le
champ aux *hâfyz*, aux étudiants et aux pauvres,
et une partie fut envoyée aux écoles, aux couvents de derviches et aux *zàwiyèhs* (ermitages) :
le reste fut expédié aux différentes provinces
et aux villes pour y être distribué dans les
mêmes conditions. »

Ce passage de l'historien persan contient un
renseignement précieux que nous avions en
vain cherché à Konia même ; c'est que le grand-
père, le père et le frère de Kaï-Khosrau Iᵉʳ sont
aussi enterrés à côté de lui dans la coupole de
la mosquée d'Alâ-eddin. Ce sont donc Rokn-
eddin Masoûd, le fils du vaincu de Dorylée
Kylydj-Arslan Iᵉʳ, Izz-eddin Kylydj-Arslan II,
et Rokn-eddin Soléïman II dont les tombeaux
sont à retrouver parmi les huit que contient le
turbé central de la mosquée.

A propos des inscriptions d'Ishaklu, nous
avons donné ci dessus un court résumé du règne
d'Izz-eddin Kaï-Kàous Iᵉʳ, fils et successeur du
sultan martyr. Ibn-Bibi nous a conservé un
portrait de ce prince, en quelques lignes, qui
sont un petit chef-d'œuvre de concision :

« C'était un prince d'une rare beauté et doué
des plus belles qualités, entre autres la géné-
rosité et la bravoure. Il donnait des présents
aux poètes. On le loue de ce qu'il ne changeait

pas les fiefs et les propriétés appartenant à
quelqu'un de sa cour, de sorte que ces biens pas-
saient de père en fils. Quoiqu'il fût un prince
guerrier, aimant à étendre les bornes de son
empire, ses Etats étaient heureux et tranquilles. »

Alâ-eddin Kaï-Kobâd, frère et successeur de
Kaï-Kâous I⁰ʳ le remplaça sur le trône en 616 de
l'hégire (1210). Depuis la lutte de compétition qu'il
avait soutenue contre celui-ci et dans laquelle il
avait été vaincu, ainsi que nous l'avons vu à propos de l'inscription d'Ishaklu, il était resté en-
fermé dans une forteresse. On l'en fit sortir pour
l'instituer sultan d'Iconium. Alâ-eddin a été le
plus grand prince de cette dynastie ; c'est lui qui
a laissé en Orient des souvenirs encore vivaces.
Pendant tout son règne, il lutta contre les chrétiens qui avoisinaient ses états ; il s'empara, sur la
côte de la Méditerrannée, de Kalonoros (ancienne
Coracésium), qui depuis lors s'est appelée Alaya,
puis il enleva au prince Daoud-chah, Kémakh
et Erzinghian en Arménie. Le règne de Kaï-
Kobâd a laissé le souvenir d'un temps de prospérité pour ces pauvres pays, ruinés par les
incursions des Arabes, par le passage torren-
tueux des Croisés, et plus tard par les exactions
de ses propres maîtres, devenus collecteurs
d'impôts pour le compte des empereurs mongols ; rien ne le prouve mieux que cette anec-

Ruines du palais des Seldjoukides.

dote racontée par les historiens orientaux.
Lorsqu'Izz-eddin Kaï-Kâous II, battu par les
troupes mongoles, fut obligé de se retirer à
Adalia, ville dont le nom a conservé jusqu'à nos
jours le souvenir des Attales, amis des Romains
et grands bâtisseurs, il aperçut un jour un trou
dans un coin de la muraille, et se demanda si
son grand-père Kaï-Kobâd n'y aurait pas déposé quelque trésor en vue des besoins des moments difficiles. Il fit incontinent démolir le
mur : on prétend qu'on y trouva le sceau d'Alâ-
eddin et des coffres pleins d'argent.

Devant la mosquée, et dans le même axe
qu'elle, on voit encore tout ce qui reste du
palais seldjoukide : une grande salle oblongue,
surélevée, avec un balcon et une fenêtre en
ogive donnant sur la campagne extérieure. L'on
distingue au bas les traces de l'ancienne muraille, et un lion phrygien de marbre y est
encore encastré. On ne retrouve plus ici le bel
appareil des pierres de la façade de la mosquée.
Le palais des princes d'Iconium était tout entier
en briques plates, faites dans le pays, toutes
blanches de craie et noyées dans un mortier
également crétacé. Cet appareil rappelle les
constructions en briques plates du temps des
Byzantins, avec cette différence que celles-ci
étaient rouges et que le mortier est également
rougeâtre, car la base en est la brique elle-

même pilée : c'est le procédé dont se servent encore aujourd'hui les maçons turcs dans la confection du mortier connu sous le nom de *Khorassan*. La disposition elle-même du balcon rappelle le κάϑισμα de l'architecture byzantine ; on n'a, pour être frappé de la ressemblance, qu'à rapprocher du palais de Konia celui de l'Hebdomon à Constantinople.

Nous avons dit que sur la colline se trouvait encore la tour de l'horloge et la double église arménienne et grecque. La tour de l'horloge est le chœur d'une ancienne église byzantine, dont la forme arrondie est très frappante : la double église est un monument sans caractère.

———

CHAPITRE VIII

Panorama de Konia. — Le collège des Karataï. —
Le collège au minaret mince. — La mosquée des
Maghrébins. — Ruines de la citadelle. — Monuments
du temps des fils de Karaman.

Avant de quitter la colline, qui, comme nous
l'avons dit, est la seule élévation de cette vaste
plaine, nous allons jeter un coup d'œil sur
Konia, pour nous rendre compte de la topo-
graphie de la ville, que nous allons visiter en
détail. Remarquons tout d'abord que la ville
actuelle s'étend à l'est de la colline, dans la
direction du mausolée de Djélal-eddin Roûmi,
dont nous parlerons plus loin, mais qu'il est
indispensable de noter ici comme point de repère. Or il n'est point possible de le confondre
avec aucun autre monument, à cause d'une
sorte de pyramide toute recouverte de faïences
bleues, qui le surmonte. Tout autour de la
masse confuse des maisons de la ville, uni-
formément construites en pisé de couleur grisâtre, une ceinture ininterrompue de jardins.

A l'horizon, rien : le Taurus, dont certains pics très élevés ne sont pourtant pas loin d'ici, ne se montre pas. Derrière nous, dans l'ouest, à une petite distance, la montagne d'où sort l'eau qui abreuve Konia, avec le petit village grec de Sillé, suspendu dans une anfractuosité, le groupe d'arbres verdoyants qui cache les maisons de campagne de Méram ; en dehors de ces deux derniers points, le vaste désert, inhabité, inculte, traversé en ligne droite, dans la direction du nord, par la route que nous avons suivie, celle de Cadin-Khan et d'Ilghin.

Si de la mosquée d'Alâ-eddin on descend en droite ligne dans l'est, on ne tarde pas à rencontrer une laide construction en pierre de taille, toute neuve : c'est le *konak*, le siège du gouvernement de la province. Cette bâtisse sans caractère, en forme de caserne, avec des fenêtres à l'européenne et des arcades autour d'une cour centrale, ravive la douloureuse surprise qu'éprouve l'archéologue en arrivant à Konia : car c'est là, indubitablement, que sont passées toutes les pierres des murailles de la ville, dont il ne reste plus que des traces informes, et, en même temps, toutes les sculptures antiques que les Seldjoukides y avaient encastrées, toutes les inscriptions grecques, latines et arabes, qui avaient franchi sans peine tant de siècles pour finir, au dix-neuvième, sous le stupide marteau

MOSQUÉE DE SAHIB-ATA A KONIA

du tailleur de pierres ! Nous reviendrons plus
loin sur ce sujet douloureux. Devant l'hôtel du gouvernement est une
place assez spacieuse, entourée de constructions
assez basses en pierres de taille également :
c'est ce qu'on appelle le *tcharchy*, le bazar, qui
commence là pour s'étendre jusqu'auprès du
mausolée de Djélâl-eddin Roûmi ; ce sont des
rues droites, assez larges, tirées au cordeau,
bordées de boutiques peu achalandées. Ce n'est
point l'aspect d'une ville d'Orient. On dirait
je ne sais quel souffle de nouveauté qui a
passé par là. Dans les parties plus anciennes
de la ville, au sud, on retrouve les longues
ruelles irrégulières entre deux murs de terre
battue percés de quelques portes, qui rappellent
mieux le Levant endormi dans la contemplation
d'un passé qui ne reviendra plus.

Voilà Konia. Maintenant que nous sommes
au courant de la physionomie générale de la
ville, reprenons le cours de nos pérégrinations.
Nous descendons de la colline par la face
nord, le long des ruines du palais. Nous franchissons l'ancien fossé des murailles, aujour-
d'hui presque comblé. Ces murs formaient le
soubassement même de la tribune du palais, de
la grande fenêtre ouverte à la brise du nord, qui
en est aujourd'hui le seul reste frappant. Dans
une ruelle qui s'ouvre immédiatement en face,

on trouve à gauche, le Collège des Karataï,
dont la porte, toute en marbre blanc sculpté, a
été récemment l'objet d'un nettoyage complet.
Au-dessus, on peut lire ces mots, extraits du
Coran : « Dieu très haut a dit : « Certes Dieu
ne laisse pas perdre la récompense des bien-
faiteurs. » Puis, plus bas, l'inscription arabe
suivante :

« A ordonné (d'élever) cette construction bénie,
sous le règne du grand sultan, ombre du Dieu
très Haut, Izz-eddounya w'eddin (gloire du monde et de la religion), le victorieux, Kaï-Kâous,
fils de Kaï-Khosrau, fils de Kaï-Kobâd, fils du
sultan martyr Kaï-Khosrau, fils de Kylydj-Arslan, Karataï fils d'Abd-Allah, dans le courant de
l'année 649 (1251-1252). Que Dieu pardonne à
celui qui a rendu ce monument prospère! »

Ce monument appartient au règne d'Izz-eddin
Kaï-Kâous II ; il est postérieur de deux ans au
caravanséraï d'Ishaklu, à propos duquel nous
avons donné quelques détails historiques sur
ce souverain. L'inscription du Collège des Karataï est surtout remarquable en ce qu'elle nous
donne la filiation complète, en ligne directe, des
ancêtres de Kaï-Kâous II, depuis Kylydj-Arslan
Ier, le vaincu de Dorylée. dont le prénom était
Mahmoud, ainsi que nous l'apprennent les textes
publiés par M. Houtsma. Quant au personnage
qui a construit ce Collège, et qui se nomme dans

Portail du collège des Karataï.

l'inscription Karataï, c'était, sans nul doute,
l'émir Djélàl-eddin Karataï, qui remplit les fonctions de lieutenant du grand vizir, le *sahib*
Chems-eddin Mohammed El-Içfahàni, précisé-
ment sous le règne de Kaï-Kàous II. Le peuple
a perdu le souvenir de ce personnage ; il a attribué le monument à toute la famille de Karataï
et appelle encore ce monument *Karataïlar-Mé-*
dressé, le Collège des Karataï.

Ce collège a dû briller au treizième siècle,
mais il est aujourd'hui complètement abandonné.
Il n'est pas facile d'y pénétrer ; malgré la pré-
sence d'un agent de police mis à notre disposition par le gouverneur-général, Surouri-pacha,
qui avait fait prévenir le gardien, il nous fallut
attendre encore quelque temps avant de pouvoir
franchir le seuil. L'intérieur de cette construction
offre un magnifique spécimen de la décoration
persane en faïence au XIIIᵉ siècle. Tout autour de
la coupole, à la base, est tracé en écriture koufique tout le chapître de la victoire (*Sourat el-Fath*)
du Coran. Sous cet anneau de faïence, quatre
grands triangles, placés aux quatre angles,
servent de pendentifs et rattachent la coupole
au plan carré de la grande salle. La décoration
de chacun de ces triangles, en bleu foncé sur
fond vert, est composée des noms des quatre
premier khalifes, Abou-Bekr, Omar, Othmân
et Ali, en koufique carré, répétés à l'infini. Le

fond est occupé par une baie formant fenêtre à
la persane, tout encadrée de faïence.

En revenant sur ses pas et en tournant à
main droite, vers l'ouest, on suit une sorte de
boulevard circulaire couvert de décombres et
où l'on remarque un grand nombre de mosquées
et de *turbés* abandonnés. Ces anciens faubourgs
sont tout en ruines et presque inhabités. On
rencontre, dès les premiers pas, la mosquée
connue actuellement sous le nom d'*Indjé-
minaréli médressé*, le collège au minaret mince.
Ce qui frappe tout d'abord dans ce monument,
c'est la disproportion qui existe entre le corps
de la mosquée et son minaret ; ce dernier est
beaucoup plus grand en proportion, il est aussi
légèrement recourbé dans la direction de l'ouest,
par suite d'un tassement inégal de ses couches.
En revanche il est d'une forme très élégante et
très heureuse ; divisé en trois parties inégales
par deux galeries, la partie centrale forme le
fût de la colonne, tandis que la partie basse,
trapue sans être sensiblement plus épaisse,
forme la base, et le couronnement, le chapiteau.
De grosses moulures en forme de tore donnent
au minaret l'aspect général d'un faisceau. Le
portail est très original ; ce sont deux bandes
de pierre bordées d'arabesques en entrelacs, descendant de haut en bas et s'écartant tout à coup,
qui forment la porte ogivale. La partie supé-

Indjé-Minaréli Medressé.

rieure du portail est ornée d'entrelacs en forme
de grecque. Dans deux cartouches ellipsoïdes,
on lit le nom de l'architecte et celui de son père :
« Œuvre de Kaloùs, fils d'Abd-allah ! »

En continuant de suivre ce chemin circulaire,
qui contourne la colline par l'ouest, on arrive à
un enclos renfermant un monument semblable
à un *turbé*, et qui est connu sous le nom de
mosquée d'Abd-ul-Mumin, mais à tort : ainsi
que l'indique l'inscription placée au-dessus de la
porte, cet édifice s'appelait mosquée des Maghrébins, et il a été restauré par Mahmoud-
ben Emir-el-Hâdjdj, sous le règne de Ghiyâth-
eddin Kaï-Khosrau III :

« A ordonné la restauration de cette mosquée
bénie, connue sous le nom de mosquée des
Maghrébins, sous le règne du grand sultan,
ombre de Dieu dans le monde, Ghiyâth-eddounya w'eddin (aide du monde et de la religion), sultan de l'islamisme et des musulmans,
le victorieux Kaï-Khosrau, fils de Kylydj-
Arslan (que Dieu éternise son empire et aide
ses drapeaux !) le faible esclave qui a besoin de
la miséricorde de Dieu et espère en son pardon
et en ses bienfaits, Mahmoud, fils d'Emir-el-
Hâdjdj (que Dieu fasse durer sa prospérité et
rende sa fin bonne !) dans le courant de l'année
674 (1275-1276). Louange à Dieu seul ! Que Dieu
bénisse Mohammed (le prophète) ! »

5 *

Ghiyâth-eddin Kaï-Khosrau III, fils de Rokn-
eddin Kylydj-Arslan IV, fut l'avant-dernier
des sultans seldjoukides de Roum. Il monta
sur le trône après la mort de son père, exécuté
par les Mongols sur des dénonciation vraies ou
fausses, en 663 (1264-1265). Il avait alors deux
ans et demi, et ce fut l'ancien chambellan de son
père et son meurtrier, Moïn-eddin Soléïman,
qui gouverna en son nom. En 675 (1276-77) de
grands désordres se produisirent sous l'impulsion d'un émir nommé Chérèf-eddin. C'est
ce moment que choisit Mélik-Tâhir Bondokdâri,
sultan d'Egypte, pour envahir l'Asie-Mineure.
Les troupes seldjoukides, ainsi que le corps
d'occupation mongol, furent taillées en pièces
dans la plaine d'Albistan, appelée aujourd'hui
Palanga-Owa, au nord de Marache. Après
cette victoire, les Egyptiens ne tardèrent pas à
se retirer ; mais malgré leur retraite, de grands
désordres continuèrent à se produire et la tranquillité ne se rétablit plus dans le Roum. Kaï-
Khosrau III mourut en 681 (1282), laissant un
trône vacillant à son cousin Ghiyâth-eddin
Masoûd II. La pauvre mosquée des Maghrébins
est tout ce qu'on pouvait attendre de cette
époque de décadence : une coupole en briques
reposant sur un soubassement carré : c'est déjà
la fin d'une dynastie ; les coffres sont vides, on
bâtit économiquement.

Nous en avons fini avec le boulevard demi-
circulaire qui contourne la colline. Non loin de
là une construction militaire ruinée attire notre
attention. Aujourd'hui que les fortifications mé-
diévales de Konia ont entièrement disparu, le
moindre reste de construction attire d'autant l'attention du voyageur. J'ai nommé· le groupe
dont je parle la citadelle, parce qu'il m'a paru
faire un tout complet, comme le serait un fort
engagé dans les murailles du corps de place. Le
plan de cette construction est sensiblement
pentagonal. Il est flanqué de tours. La tour sud
de la citadelle, la seule à peu près intacte
partout ailleurs le parement extérieur a été
arraché) nous a donné une inscription où je n'ai
pu déchiffrer que la date, qui est du début du
XIIIᵉ siècle .

« C'était l'année 610 (1213-1214). »

En 610 de l'hégire, Izz-eddin Kaï-Kâous Iᵉʳ régnait à Konia. Cela prouve qu'il avait eu l'idée
d'entourer la ville d'une enceinte fortifiée, huit
ans avant la construction de la grande muraille
d'Alâ-eddin, exécutée la même année que celle
de Siwàs, et vingt-quatre ans après la prise de
la ville par Frédéric Barberousse. Nous reviendrons plus loin sur les murs de la ville, à propos
de ce qu'il en reste à côté de la porte de Larenda.

Constatons toutefois un détail très particulier
que contient l'inscription de la citadelle : ce sont

deux poissons affrontés, séparés par une rosace
à sept pétales. Que font là ces poissons ? Je l'i-
gnore. Peut-être faut-il y voir un emblême analogue à ceux que certains sultans mamlouks
d'Egypte ont semés sur les monuments de
Damas et du Caire.

Dans une rue qui est au-delà de l'ancienne citadelle, et par conséquent dans les faubourgs
de la Konia médiévale, on rencontre le mausolée dit de Turghut-oghlou Ahmed bey. L'inscription qui se trouve au-dessus de la porte du
jardin qui l'entoure renseigne sur la véritable
raison de cette appellation :

« A ordonné la construction de ce cimetière et
de ce mausolée, béni et noble, le grand et puissant prince Bek-Djésir, fils de Chàh-mìr-bek,
fils de Turghut, sous le règne du grand sultan,
roi des rois magnifié, dominateur des peuples,
seigneur des sultans arabes et persans, le sultan Ibrahim, fils de Mohammed, fils de Karaman [que Dieu éternise..... !], dans le mois de
Chéwwàl de l'an 830 (août 1427). »

Cette inscription est postérieure de cent ans
à la disparition définitive de la dynastie des
Seldjoukides de Roum. On remarque tout de
suite la différence du style. Tandis que, dans
toutes les inscriptions que nous avons rencon-
trées jusqu'ici depuis Tchaï et Ishaklu, le nom
du souverain figure en tête, et celui du vé-

ritable constructeur ne vient qu'après, ici c'est
le contraire ; et le sentiment qu'on emporte de
cette lecture, c'est que malgré la pompe des
titres que s'attribuait le prince de Larenda,
héritier de la capitale des Seldjoukides, le fils de
Turghut était plus puissant que lui, puisqu'il
plaçait son nom en tête.

On connaît dans l'histoire un Turghut ou
Torghoud, « chef des tribus », injustement
chassé par Ibrahim-beg, prince de Karaman, et
réinstallé, après la défaite de ce dernier, sur
l'ordre du sultan Mourad II. Le fameux corsaire
Turghut, appelé Dragut par les Européens, était
fils d'un chrétien du *sandjak* de Mentéché ; peut-
être se rattachait-il à cette même origine. Il y
a d'autant moins lieu de s'étonner de voir ce
nom répandu dans cette région, que la tribu
turcomane des Turghut s'y était fixée, ainsi
que celle des Warsak.

Quoiqu'il en soit, nous avons, dans l'inscription dont nous venons de parler, un monument
datant du règne d'un prince de Karaman. En
825, cinq ans avant la date de notre inscription,
Mohammed-beg, père d'Ibrahim, s'était révolté
contre l'empire ottoman dont il s'était reconnu
vassal et avait été assiéger Adalia. Un jour,
en parcourant les tranchées, il fut atteint d'un
coup de canon et tué. A cette nouvelle, son
frère Mousa-beg s'était empressé de monter sur

le trône de Konia. Les fils du défunt, Ibrahim
et Ishak s'enfuirent et allèrent demander aide et
protection au sultan ottoman Mourad II qui leur
fournit une armée avec laquelle ils reprirent
Konia, et Ibrahim-beg monta sur le trône.
Mourad leur avait dohné à chacun une de ses
filles en mariage. Au bout de quelque temps,
Ibrahim-beg se révolta, mais son beau-père
lui pardonna grâce à l'intercession de sa femme.
Il se révolta de nouveau sous le règne de Bayézid
Yildirim, et fut encore l'objet du pardon de son
suzerain. Il régna trente-deux ans, au bout
desquels, étant sur le point de mourir, il vit
prétendre au trône son fils aîné Ishak-beg, déjà
déclaré héritier présomptif ; mais comme celui-ci
était né d'une esclave, ses autres frères refu-
sèrent leur assentiment, de sorte que les notables firent monter sur le trône l'un de ceux-ci,
Pir Ahmed-beg. Ishak emmena son père malade
dans la forteresse de Kirâlé et s'y enfuit. Ibrahim-beg mourut sur ces entrefaites.

Tels sont les événements que rappelle l'inscription de Turghut. On y sent le dernier effort
des petites dynasties locales, héritières du grand
empire seldjoukide, pour éviter le sort fatal
qui les attendait toutes, l'absorption dans le
grand empire guerrier des fils d'Osman.

CHAPITRE IX.

Le mausolée du Chéïkh Sadr-eddin Koniéwi — Autres mausolées et mosquées du XIIIᵉ siècle. — La porte de Larenda et les restes des murailles de la ville.

Dans la même rue que le mausolée de Turghut, un peu plus loin, et presque à l'extrémité du faubourg, on montre le *turbé* du chéikh Sadr-eddin de Konia (Koniéwi). Un petit portique fermé par une grille de bois, et un peu au-dessous du niveau de la rue, permet d'arriver à la porte du mausolée, sur lequel on lit l'inscription suivante :

« A été élevée cette construction bénie, avec le mausolée qui s'y trouve, pour le chéikh et imam, le chercheur, le savant dans la vie ascétique Mohammed fils d'Ishak, fils de Mohammed (que Dieu soit satisfait de lui !), ainsi que la bibliothèque qui s'y trouve également contenant ses livres érigés en fondation pieuse (*wakf*), ainsi qu'il l'avait prescrit et en avait fait une condition, et avait spécifié cette fondation

à la façon des pauvres honnêtes parmi les compagnons qui se dirigent selon leur cœur : et
Dieu très haut le leur a dit. Dans le courant de
l'année 673 (1274-1275). »

Nous avons là le tombeau d'un de ces philosophes mystiques de la Perse, décorés du nom
de *soûfis*, « vêtus de laine », parce qu'ils avaient
adopté la robe de bure du derviche ou du moine
en renonçant au monde pour mieux contempler
l'infini. La date du monument du chéikh Sadr-
eddin correspond au règne de Ghiyâth-eddin
Kaï-Khosrau III, où le souverain seldjoukide,
vassal des Mongols, n'était guère plus qu'un
collecteur d'impôts pour le compte des hordes
de l'Asie centrale. Ce chéikh était un grand ami
de Djélâl-eddin Roûmi, le fondateur de l'ordre
des derviches tourneurs ; il se nommait, comme
nous l'avons vu dans l'inscription, d'accord avec
les données du *Nafahât-el-Ons* de Djâmi, Sadr-eddin Mohammed ben Ishak, et on lui donnait
le surnom d'Abou'l-Méâli « l'homme aux idées
élevées. » Il entretint une correspondance avec
le fameux astronome et philosophe Naçir-eddin
Toûsi ; il composa des ouvrages de théologie :
un commentaire sur le premier chapitre du
Coran, la Clef du monde caché, les Effluves de
la divinité. Djâmi rapporte une anecdote qui
prouve à quel degré d'amitié Djélâl-eddin
Roûmi et Sadr-eddin en étaient arrivés dans

leurs relations : « Un jour, il y avait grand conseil et les notables de Konia s'étaient réunis. Le chéikh Sadr-eddin était assis en haut du sofa, sur un tapis (c'est la place d'honneur). Djélàl-eddin étant entré, le chéikh, par déférence, lui céda le tapis. Le poète persan s'assit et incontinent : « Quelle réponse donnerai-je au jour de la résurrection, si l'on me demande pourquoi j'ai pu consentir à m'asseoir sur le tapis du chéikh ? » Pour ne pas rester en arrière dans ce combat d'humilité le chéikh dit au grand poète : « Asseyez-vous à un coin, et moi à l'autre, » ce qui rétablissait l'égalité. Djélà-eddin Roûmi ayant enfin pris place, le chéikh, qui avait réfléchi que s'asseoir sur un tapis était encore trop de luxe pour deux derviches qui avaient fait vœu de pauvreté, s'écria : « Le tapis où vous êtes assis ne vous convient pas, ni à moi non plus... ». Il l'enleva et le lança au loin.

Djélàl-eddin Roûmi mourut avant Sadr-eddin, et, honneur suprême, il le chargea par testament de prononcer la prière funèbre à ses obsèques. Sadr-eddin, qui était né la nuit qui précéda le jeudi 22 djoumada II 605 (1ᵉʳ janvier 1209), mourut le 13 moharrem 673 (19 juillet 1274), âgé de 68 ans lunaires. Ces renseignements, que ne donne pas notre inscription, je les ai trouvés dans un album manuscrit qui fait partie de ma bibliothèque.

L'intérieur de la petite mosquée qui précède
le mausolée de Sadr-eddin respire le calme et
la fraîcheur Dans de grandes jarres de poterie,
on y conserve de l'eau des sources de Mérâm,
qui se bonifie en vieillissant ; nous goûtons
l'eau de trois semaines de cruche, et celle d'un
mois. Cette eau est, par ce repos, devenue
absolument limpide et pure : elle est débarrassée de ces matières calcaires qu'elle tient en
suspension au sortir de la source. Sur une
pierre, aujourd'hui une simple dalle, jadis une
stèle, on lit encore ce fragment de décret
du Sénat et du peuple d'Iconium, en langue
grecque, en l'honneur de l'empereur Antonin :

HBOYAHKAIOΔHMC
ETEIMHΣEN
TANTΩNION TYPANNO
OYEPΓANONAPXF°ΔAI
ΘEONΣEBAΣT
ΣANTA
XEΣANTA

Nous nous fîmes montrer le catalogue de la
bibliothèque, espérant y trouver quelques documents historiques sur les Seldjoukides. Rien,
que des ouvrages de théologie et de philosophie
mystique.

Quittons ce frais abri et rentrons dans la
chaleur du jour. Parmi les nombreux turbés que

l'on aperçoit dans la plaine, construits en
briques, et dont la plupart, en ruines depuis
longtemps, ne portent pas d'inscriptions, nous
en avons remarqué un cependant, celui de
Chihâb-eddin Omar el-Hoséïni, dont la date
remonte au XIII° siècle et prouve que les autres
monuments de ce genre, épars çà et là aux
alentours, et tous semblables d'aspect, sont de
la même époque. On lit au-dessus de la porte
l'inscription arabe suivante :

« Cette coupole est le tombeau du pauvre
devant Dieu [qu'il soit exalté !] Chihâb-eddin
Omar el-Hoséïni, fils d'Amm ed-diwan [que
Dieu le place, au jour de la résurrection, parmi
les élus !] par sa faveur et sa grâce, en considération du peuple de Mohammed [que le salut
et les salutations soient sur lui !], le 1ᵉʳ du mois
de moharrem de l'an 663 (24 octobre 1264) ».

Le nom du souverain qui régnait alors ne
figure pas sur ce monument ; mais, selon
toute vraisemblance, c'était sous le règne de
Rokn-eddin Kylydj-Arslân IV, qui disputa longtemps le trône de Konia à Izz-eddin Kaï-Kâous
II et finit par le supplanter grâce à l'appui des
Mongols.

La porte de Larenda, située au sud-est de la
ville, et à laquelle nous sommes insensiblement
arrivés, indique par son nom qu'elle donne
passage à la route de Larenda, ville qui a encore

aujourd'hui conservé son nom, mais que l'on
appelle aussi communément Karaman, du nom
de cette dynastie des Karaman qui entreprit de
succéder aux Seldjoukides dans leur capitale et
qui résista aux Ottomans, avec des fortunes
diverses, jusqu'au commencement du XVIᵉ
siècle. Cette porte est le seul vestige qui reste
debout des anciennes fortifications, détruites
totalement dans l'espace de ces trente dernières
années ; et encore, elle est dans le plus piteux
état. La porte elle-même n'existe plus ; c'est à
peine si l'on distingue les restes des jambages.
A gauche, on aperçoit quelques restes informes
de tours, dont on a arraché le parement et dont
on ne voit plus que le blocage. Toutefois, sur
l'une de ces tours ruinées, on distingue encore
la date de la construction, flanquée des deux
poissons que nous avons déjà vu figurer sur les
murs de la citadelle. Cette date est celle de 618
de l'hégire (1221), année dans laquelle furent
construites simultanément les fortifications de
Konia et celles de Siwâs. Ibn-Bibi nous a
transmis à ce sujet des détails intéressants que
nous traduisons d'après le texte publié par
M. Houtsma :

« Alâ-eddin Kaï-Kobâd fit construire à ses
frais les quatre portes de la ville et plusieurs
tours importantes. Le reste des constructions
fut attribué à chacun d'entre les *beys* (les chefs·

des tribus turcomanes), qui eurent à contribuer
à cette dépense, chacun selon ses moyens. On
orna les murailles de sculptures et de statues de
marbre blanc; on y traça des versets du Coran,
des traditions célèbres du Prophète, des apo-
phtegmes et des vers du *Châh-nâmé* (le fameux
poème épique persan de Firdausi). Après l'achèvement des murs, le Sultan les examina, les
approuva et ordonna que, de même que ses
noms et surnoms avaient été inscrits en lettres
d'or sur les portes et les tours, ceux des beys
fussent également inscrits sur les tours qu'ils
avaient construites, afin de conserver, à travers
les siècles, la renommée de leur dévouement. »

Ce que le temps avait respecté, l'incurie et la
sottise des hommes devait le détruire. Il ne
reste plus de traces, aujourd'hui, du dévouement des beys de Kâï-Kobâd. Les sculptures et
les statues de marbre blanc dont parle Ibn-Bibi,
c'est cette foule de monuments de l'ancienne
Iconium que les voyageurs ont pu contempler,
il y a quelques années encore, et que signalent
Texier, de Laborde, Hamilton. Tout cela a disparu.

En face de la porte de Larenda, au commencement du faubourg, est une mosquée en ruines,
dont il ne reste que le portail et le minaret.
L'inscription qui est sur ce portail a des lettres
tellement entrelacées, qu'il n'a pas été possible

6

de la lire. Dans deux cartouches circulaires
placés au-dessus d'une fontaine pratiquée dans
le portail lui-même, à droite en regardant la
porte d'entrée, nous avons retrouvé le nom de
l'architecte, Kaloûs ben Abdallah, le même que
celui de la mosquée Indjé-minâréli.

Derrière ce portail vide, et sur la route même
de Larenda, se trouve le mausolée de Sâhib-
Atâ. L'inscription placée au-dessus de la porte
et dont nous n'avons pu lire que les dernières
lignes, indique que ce monument a été élevé par
Fakhr-eddin-Ali , ministre de Ghiyâth-eddin
Kaï-Khosrau III. Cette appellation de *Sâhib Atâ*,
donné par le peuple à ce moment, serait-elle le
souvenir d'un sobriquet famillier de Fakhr-eddin? *Sâhib-Atâ*, le ministre-cadeau, allusion à sa
bienfaisance ? Cela est encore enveloppé de
mystère. Quoi qu'il en soit, voici la traduction
de cette inscription :

« Dieu me suffit ! »

« A construit et élevé ce tribunal sous le
règne du sultan magnifié, ombre de Dieu dans
l'univers, Ghiyâth-eddounya w'eddin (aide du
monde et de la religion), le victorieux Kaï-Khosrau (III), fils de Kylydj-Arslan (IV), preuve du
prince des croyants (Dieu éternise son empire
et perpétue son royaume!) le faible esclave,
qui espère en la miséricorde du Dieu très doux,

Ali fils d'El-Hâdj Aboù-Bekr. (que Dieu accepte..... !) dans le courant de l'année 668
(1269-1270).

L'intérieur de ce mausolée contient la plus
magnifique décoration persane qui se puissse
imaginer. Il y a plusieurs salles ; la salle centrale est décorée d'une fenêtre en faïences
persanes bleu et vert, avec grillage également
en faïence ; la coupole qui la recouvre est
richement ornementée, et l'on y remarque également un arc en ogive revêtu de faïences dans
le même goût que la fenêtre.

Sur le tombeau qui occupe l'intérieur du
turbé, nous pûmes lire l'inscription arabe
suivante :

« .... le Sahib magnifié, Fakhr-eddin Ali, fils
d'El-Hoséïn (que Dieu illumine son tombeau !)
à la fin du mois de Chéwwâl de l'année 684 ».

Cette date correspond à la dernière semaine
de décembre 1285. Il s'était donc écoulé environ
seize ans entre l'époque où Fakhr-eddin Ali
avait achevé de se construire son propre
tombeau, et celle où il vint l'occuper. Kaï-
Khosrau III était mort depuis trois ans ;
Ghiyâth-eddin Masoûd, fils d'Izz-eddin Kaï-
Kâous II et frère de ce Mélik qui fut baptisé à
Constantinople sous le nom de Constantin
ainsi que de ce prince Féramerz qui ne régna
pas, mais qui fut père de Kaï-Kobâd III, le

dernier prince Seldjoukide, qui ne régna que quatre ans, Ghiyâth-eddin Masoûd régnait alors.

En rentrant ensuite dans la ville, et à peu de distance de la colline, dans une rue encore aujourd'hui habitée, on trouve le collège aujourd'hui ruiné, dit *Syrtchaly-Medressé* « le collège de verre ». construit sous le règne de Ghiyâth-eddin Kaï-Khosrau II, en 1242. Le portail est seul intéressant : c'est un joli spécimen de l'architecture à arabesques. Il est décoré de l'inscription-arabe suivante :

« [Edifice] impérial ! »

« A prescrit la construction de ce collége béni, sous le règne du grand sultan, ombre de Dieu dans· l'univers. Ghiyâth-eddounya w'eddin, drapeau de l'islamisme et des musulmans, le victorieux,Kaï-Khosrau fils de Kaï-Kobâd le copartageant du Prince des croyants, l'esclave qui a besoin de la miséricorde de son Seigneur, Bedreddin....... çalî (que Dieu continue à lui accorder son secours !). Il en a fait une fondation pieuse pour les jurisconsultes du rite d'Abou-Hanifa (que Dieu soit satisfait de lui !) et leur dépense. An 640 (1242-1243).»

Dans l'intérieur de la ville, on rencontre un *turbé* connu aujourd'hui sous le nom *d'Aya-Sofya* qui est le même que celui de la mosquée

de Sainte-Sophie à Constantinople. Je ne sais
d'où provient cette appellation ; ce monument
est du commencement du quinzième siècle et a
été élevé par un prince de la dynastie de Karaman, Mohammed-bey, qui avait pris le titre
honorifique d'Alâ-eddin. Voici d'ailleurs la traduction de l'inscription qui surmonte la porte
d'entrée :

« A construit cet édifice pieux (*hoqàa*), sous
le règne du sultan Mohammed, fils d'Alâ-eddin
(Dieu éternise son Empire !), le bienfaiteur,
l'honnête, Mohammed ben El-Hâdj Khâç-beg
el-Hatîbî (Dieu élève son rang !). Il en a fait une
demeure pour ceux qui récitent le Korân par
cœur. An 824 (1421). »

Ce monument est intéressant. Deux cents
ans après le glorieux règne d'Alâ-eddin Kaï-
Kobâd, les traditions de l'architecture arabe,
apportées de Syrie en Asie Mineure par les
architectes et les ouvriers qu'il avait fait venir,
étaient restées assez vivaces pour produire un
portail comme celui du turbé d'Aya-Sofya. C'est
le monument le plus récent de ce style que nous
ayons rencontré : au siècle suivant la conquête
ottomane répandra partout avec elle le type
constantinopolitain, dérivé de la Sainte-Sophie
de Justinien. Nous avons vu plus haut que
Mohammed Alâ-eddin, prince de Karaman,
s'était révolté contre les Ottomans et avait été

tué au siège d'Adalia. Cela se passait en 825 de
l'hégire. Notre inscription est antérieure d'un
an à la triste fin du prince de Karaman. Il paraît
ne s'être pas trop fait aimer de ses sujets : le
recueil de papiers d'Etat ottomans, publié par
Féridoun-bey, contient, entre autres, des lettres
en persan adressées par les habitants d'Ak-
Chéhir à Méhémet-pacha, beylerbey d'Anatolie,
et transmises par le sultan Mohammed I ᵉʳ, qui
mourut justement dans le courant de cette même
année 824 de l'hégire, à Hamza-bey Izmir-Oghlou.
Ces gens s'y plaignaient du gouverneur imposé
par le prince de Karaman.

Pour terminer notre revue des monuments
du moyen-âge, signalons encore une inscription
arabe que nous découvrîmes dans le quartier
arménien dit Arslan-Tach (Pierre du Lion), et
qui tire indubitablement son nom d'un de ces
lions phrygiens de marbre si communs jadis à
Konia. Ce quartier est situé au nord-est de la
colline, et à peu de distance. Voici cette inscription :

« Sous le règne du sultan magnifié, Ghiyáth-
eddounya w'eddin, le victorieux Kaï-Khosrau,
Djémâl-eddin Ishak fils de Yaraâ a construit
cette mosquée. »

Autour de l'encadrement :

« Dans le mois de çafar de l'an 607 (août
1210). »

La date ne paraît laisser aucun doute. Cette inscription serait l'une des plus anciennes de la ville, car elle correspond au règne du sultan martyr, Ghiyâth-eddin Kaï-Khosrau I⁰ʳ. La mosquée à laquelle elle se rapporte n'existe plus ou n'a peut être jamais existé. Il est permis de croire que la pierre était prète lorsque la nouvelle de la mort du *Sultan martyr* sera parvenue à Konia. Le marbre gravé est aujourd'hui simplement encastré dans le mur en torchis d'une maison particulière.

Après cette inscription, en voici une bien plus récente. En descendant cette même rue d'Arslan Tach, on arrive dans le quartier musulman de Chémsî, ainsi appelé d'après le mausolée de Chems-eddin Tébrìzi, le maître de Djélâl-eddin Roûmi, dont le nom est familier aux lecteurs du *Mesnévi*. Sur une fontaine, à la croisée de deux rues, on lit l'inscription suivante où se conservent encore, bien qu'elle soit contemporaine du sultan ottoman Sélim I⁰ʳ, le conquérant de l'Egypte, des traces du style épigraphique arabe qui avait régné si longtemps à Konia :

« A ordonné la construction de cette fontaine, le grand sultan, ombre de Dieu dans l'univers, le sultan fils de sultan, Sultan Sélim Châh, le Khân, fils de sultan Bayézid-Khan (Dieu rende glorieuses ses victoires!), l'an 926 (1520). »

C'est la plus récente des inscriptions arabes de la ville. A partir de ce moment, Konia n'a plus d'histoire ; perdue au fond des provinces asiatiques de l'Empire Ottoman, loin des frontières, elle ne joue plus aucun rôle ; et pour voir son nom revivre, il faut attendre jusqu'au dix-neuvième siècle : les troupes égyptiennes qui occupaient la Syrie y gagnèrent une bataille sur l'armée du sultan Mahmoud, le 20 décembre 1832.

CHAPITRE X.

Ce qui reste d'antiquités romaines et grecques. — Le musée municipal — Un sarcophage nouvellement découvert. — Inscriptions grecques et latines provenant de fouilles.

Depuis la disparition des murailles de la ville, où les fragments d'antiquités disaient toute son histoire, on chercherait vainement à Konia la moindre trace d'une sculpture antique. Il reste cependant encore des restes de l'ancienne Iconium ; mais ils sont soigneusement dissimulés et peu faciles à trouver, ainsi que nous allons le dire.

La ville, chose étrange, possède une sorte de musée, où l'on retrouve quelques pierres échappées à la destruction des murs, et dont la conservation est due à quelque gouverneur intelligent. C'est le vieux *Bédestan* ou marché aux étoffes, aujourd'hui ruiné et abandonné. L'inscription persane qu'on lit au-dessus de la porte prouve qu'il a été réparé au XVI⁰ siècle, sous le règne de Suléïman le législateur. Au-

jourd'hui ce n'est qu'une ruine, à demi enfoncée
sous terre. La porte en est fermée par un cade-
nas, et il faut l'autorisation de la municipalité
pour y pénétrer. C'est une cave, qui n'est éclairée
par aucune lucarne; il faut laisser la porte ouverte
pour y distinguer quelque chose. Quelques pierres sculptées y sont jetées sans ordre. Faisons-
en un inventaire sommaire.

Parmi les fragments qui sont incontestable-
ment, à première vue, de travail seldjoukide,
on remarque un aigle héraldique à deux têtes,
en tout semblable à l'aigle romaine à deux têtes
qui figure encore aujourd'hui dans le palais du
patriarche œcuménique grec au Phanar, après
avoir servi de modèle au Saint Empire romain
d'Allemagne et à la Russie pour se créer des
armoiries; puis deux têtes d'anges coiffés de
la mitre, travail d'inspiration persane, de la
même époque. Deux pierres jetées dans deux
coins différents donnent, quand on les réunit,
une inscription arabe rimée qui rappelle des réparations faites à la citadelle par le sultan ottoman Mohammed II. Les vers sont incorrects :

« Il a restauré la forteresse, celui dont la
preuve est brillante ; il en a élevé les constructions dans les airs ;

« C'est le sultan Mohammed, fils de Mourad;
je ne vois dans aucun pays personne qui l'égale.

« Ecoutez de ma bouche ce chronogramme :

Dieu éternise la justice de son constructeur ! »

Le calcul des lettres entrant dans la composi-
tion de ce chronogramme donne, comme ré-
sultat, l'année de l'hégire 872 (1467-1468). Cette
date est intéressante ; il y avait deux ans que
le conquérant de Constantinople avait, enlevé
Konia à Pir-Ahmed, de la dynastie de Karaman ; mais il se croyait si peu sûr de la conquête
du pays et si peu à l'abri d'un retour offensif
d'Ishak-bey, frère de Pir-Ahmed, qu'il prit soin
de faire réparer et restaurer les fortifications
d'Iconium.

Une autre pierre, débris d'un édifice seldjoukide, ne porte que la mention suivante :

« [Edifice] impérial. El-Hasan, fils de Yousouf..... »

Au milieu de ce désordre, on retrouve un petit
nombre de sculptures antiques, probablement
de la basse époque romaine, à cause de la lour-
deur de la décoration et du manque d'élégance
dans l'exécution. Un griffon qui poursuit un
éléphant, un aigle héraldique, un griffon
chassant une bête à cornes, tels sont les principaux motifs d'une de ces sculptures. Une autre,
qui porte un fragment d'inscription grecque,
représente une scène funéraire ; au centre sont
les quelques lettres encore lisibles ; au-dessus
on voit un aigle au milieu d'un fronton, le long
de l'arête duquel on distingue deux poissons

(serait-ce là le prototype des deux poissons
affrontés, peut-être l'emblème de la ville, qui
nous ont intrigués quand nous les trouvâmes
sur les murs d'Alâ-eddin Kaï-Kobâd?) ; à
gauche, une demi-coupole en forme de coquille,
la fameuse forme classique tant aimée de la
Renaissance. Voilà ce qu'est le musée municipal
de Konia.

Dans une cour attenante à la maison de
Tahir-Pacha, un notable de la ville de Konia,
considéré comme le personnage le plus important après le gouverneur général, nous vîmes un
sarcophage de marbre que le propriétaire venait
de trouver dans un de ses terrains, à quelque
distance de la ville, et qui était encore enveloppé
dans l'emballage à claire-voie qui avait servi à
le transporter. Nous fîmes écarter les planches,
de façon à prendre une photographie du tombeau. Ce monument ne porte aucune inscription ;
un bas-relief représente un homme et une femme.
vêtus de costumes antiques, assis en face l'un
de l'autre. Les deux petits côtés du sarcophage
sont simplement ornés chacun d'une tête de
Méduse.

Dans cette même partie est de la ville où s'é-
lève la maison de Tahir-Pacha, et non loin de
la porte de Larenda, il y a un établissement
public, la salpêtrière (Kâl- Khâné), appartenant
au gouvernement et dirigé par des officiers de

Lion phrygien dans la cour de la Salpétrière à Konia.

l'armée ottomane. C'est une construction insi-
gnifiante, que nous mentionnons seulement
parce que, dans la cour et à peu de distance de
la grille d'entrée, on a installé un lion de marbre
provenant sans doute de la démolition des
murailles.

Ce fut dans la cour de la maison d'Achkar-
Oghlou, située non loin de la colline et à côté
de la maison occupée par M. Köppe, directeur
de la succursale de la Banque impériale ottomane, que nous trouvâmes deux inscriptions
latines et une grecque tracées sur des pierres
que le propriétaire avait trouvées dans le sol,
en fouillant pour établir les nouvelles fonda-
tions de sa maison, et qui étaient destinées à
être taillées pour entrer dans la nouvelle construction. Nous nous hâtâmes de les copier avant
leur disparition complète. Il est probable qu'elles
n'existent plus aujourd'hui. Les inscriptions
indiquent que ces pierres étaient tout uniment
des piédestaux de statues votives :

PREMIÈRE INSCRIPTION

ORIA
VI. TRAIAᴺᴵ
DIVI. NERVAEAD
TI♱M. AVRELLIO
NONINO. PIO. AVG. PART
MAX. BRIT. MAX. PONT
MAX. TRIB. POT $\overline{\text{ᴧV}}$
IMP. $\overline{\text{II}}$. COS. $\overline{\text{III}}$. P. P♱
COL. AEL. HADRI
ANA AVG. ICONIEN
SIVM

[Ha]dria... . ...
ni Trajani......
divi Nervae ad [nepo]
ti M. Aurelio [Anto]
nino pio Aug[usto] Part
[hico] max[imo] Brit[annico]
max[imo], pont[ifici] max[imo]
trib[unitiæ] pot[estati] XV, imp
[eratori] II, co[n]s[uli] II, p [ub
licè] p[osuit]
    Col[onia] Ael[ia] Hadriana
aug[usta] Iconiensium.

DEUXIÈME INSCRIPTION

LΦAELIOCAESARI
IMPTRAIANIHADI
ANIAVGPONTIFI
CISMAXIMITRIB
POTXXIIMPῙῙCOS
ῙῙῙPPFILDIVITRAIA
NIPARTHICINEPO
TIDIVINERVAEPRO
NEPOTIᵂTRIBPOTES
COSῙῙCOLᵂAELIAH
DRIANAΦAVGΦ

L[ucio] Aelio Cæsari
imp[eratori], Trajani Hadriani
aug[usti] pontificis maximi,
trib[unitiæ] pot[estati] XXI,
imp[eratori] II, co[n]s[uli] III, p[atris
p[atriæ] filio, Divi Trajani
Parthici nepoti, Divi Nervae
pronepoti, trib[unitiæ] potes[tati],
co[n]s[uli] II, col[onia] Aelia
H[a]driana Aug[usta].

TROISIÈME INSCRIPTION

ΑΙΑΘΗ ΤΥΧΗ
ΙΟΥΑΙΟΝΠΟΠΑΙΟΝ
ϜΟΝΚΡΑΤΙϹΤΟ ΕΠΙΤΡΟ
ΤΟΝΑΙΝΕΙΑΚΑΙΑΙΚΑΙ
ΟΕΥΝΗΠΑΝΤΑϹΥΠΕΡΒΑ
ΑΟΜΕΝΟΝΟΥΠΡΟΑΥΤΟΥ
ΑΚΑΑΠΟΡΕϹΤΗϹΙΡΙΝΚΕΥ
ΚΑΙΑΟϜΙϹΤΗϹΤΗΛΑΜΠΡΑϹ
ΕΙΚΟΝΙΕWΝ ΚΟΛWΝΙΑϹΙΟΝ
ΕΑΥΤΟΥΚΑΙΤΗϹΠΑΤΡΙ
ΛΟϹΕΙϹΠΑΝΤΑΕΥΕΡ
ϜΕΤΗΝ

Ἀγαθῇ τύχῃ. Ἰούλιον Πόπλιον
τὸν κράτιστο(ν) ἐπίτροπον,
ἀ(δ)ειᾳ καὶ δικαιοσύνῃ
πάντας ὑπερ βαλομένον οὐ προ
αὐτοῦ... ....
....
καὶ λογιστὴς τῇ [ς] λαμπράς
Ε'ικονίεων κολώνιας τὸν ἑαυ-
τοῦ καὶ τῆς πατρί[δ]ος εἰς
πάντα εὐεργέτην.

Ces inscriptions, qui sortaient de terre, étaient évidemment inédites. Nous les copiâmes soigneusement, à l'usage des savants d'Europe, heureux de joindre cette petite découverte épigraphique aux documents d'une tout autre époque que nous étions venus chercher à Konia. Il était à ce moment près de midi, et un soleil de plomb dardait ses rayons sur nos têtes, dans la cour sans ombre de la maison d'Achkar-oghlou.

CHAPITRE XI.

Les philosophes mystiques du XIIe siecle, Chems-eddin
Tebrizi, Djélàl-eddin Roùmi. — Les derviches tourneu rs

Comme nous l'avons vu plus haut, un des
quartïers de la ville porte le nom de Chemsî,
à cause du mausolée de Chems-eddin Tebrizi.
Avant d'aller visiter la magnifique mosquée
qui abrite les restes de Djélâl-eddin Roûmi et
de sa longue lignée de descendants, tous prieurs
de la communauté des derviches tourneurs,
nous voulûmes faire un pélerinage au tombeau
de celui qui fut son maître et dont il parle sans
cesse avec tant de vénération dans son chef-
d'œuvre, le *Mesnévi*, qui n'a encore été traduit
qu'en anglais. La coupole en forme de pyramide à huit pans attire de loin les regards, mais
le monument n'est pas autrement intéressant.
Il a été augmenté d'une petite mosquée qui le
déforme totalement, et à l'intérieur, tellement
recrépi, rechampi et badigeonné qu'il en perd

tout intérêt. C'est le cas de la plupart des sanc-
tuaires qui continuent à être vénérés ; les générations qui se succèdent tiennent à honneur de
les entretenir ; cela ne va pas sans beaucoup de
plâtre gâché. L'archéologue préfère les monuments abandonnés, car dans quelque coin ignoré,
sous l'abri protecteur des toiles d'araignée lon-
guement tissées, il trouvera peut-être telle
indication qui le mettra sur la voie d'une découverte. Rien de pareil n'est possible avec le
badigeon. Mais je ne vais pas recommencer la
préface de *Notre-Dame de Paris*. Je constate simplement qu'aucune inscription ne se retrouve
sur le turbé de Chems-eddin Tebrizi. C'est une
petite mosquée de quartier, gentille et bien
proprette ; rien, si ce n'est la coupole, n'y
rappelle le temps des Seldjoukides.

C'est là que repose le maître vénéré de
Djélâl-eddin Roûmi. La vie de Chems-eddin
Mohammed ben ali ben Melekdâd Tébrizi est
toute de légendes et celles que l'on connaît nous
ont été transmises par Djélâl-eddin ou par son
fils Sultan-Wéled. Le premier aurait dit de lui :
« Les savants en science extérieure connaissent
ce qui concerne le Prophète ; mais Chems-eddin
sait les secrets de Mohammed. » Ce fut un
voyageur qui parcourut toute la terre habi-
table. Il était toujours vêtu de feutre noir.

On rapporte que Chems-eddin s'était rendu

en un seul jour de Césarée à Ak-Séraï, et qu'il
était descendu dans une mosquée de cette ville.
Après la prière du soir, le muezzin de la mosquée l'aperçut et se mit en colère, en lui inti-
mant l'ordre de sortir. « Je suis étranger, dit
Chems-eddin, excuse-moi ; je ne désire rien :
laisse moi me reposer. » Le muezzin, par impo-
litesse et par stupidité, lui donna un soufflet et le
maltraita fort. « Que ta langue soit figée ! » dit le
derviche; et aussitôt la langue du muezzin se figea.
Chems-eddin sortit et se mit en route pour
Kónia. L'imam de la mosquée survint et aperçut
le muezzin agonisant. Lorsqu'il l'interrogea sur
ce qui s'était passé, le muezzin lui fit com-
prendre par gestes que c'était le derviche qui
l'avait réduit à cet état. L'imam partit sur les
traces de Chems-eddin et l'ayant rencontré sur
les bords du fleuve Kalkal, il se prosterna et le
supplia instamment en lui représentant que le
muezzin était un pauvre homme, qu'il n'avait
pas reconnu la sainteté du personnage auquel
il avait eu à faire ; bref il présenta toutes sortes
d'excuses. « L'ordre divin a exécuté mon juge-
ment, dit le derviche ; mais j'invoquerai Dieu
pour qu'il aille en sécurité et ne soit pas éprou-
vé par le châtiment de la vie future. » L'imam
fut tout joyeux et devint sincèrement disciple du maître ; mais jusqu'à son retour, le
muezzin était mort.

Un jour, passant à Bagdad devant la porte
d'un palais, il entendit le son d'un instrument
de musique. Il entra pour écouter un instant.
Le maître de la maison, qui était entièrement
ignorant des secrets des mystiques, fit signe à
un domestique de frapper le derviche pour qu'il
partit. Le domestique tira son sabre et se précipita : aussitôt sa main fut paralysée. Le maître
donna le même ordre à un autre domestique ;
la main de celui-ci resta en l'air et se dessécha.
Pendant ce temps Chems-eddin était parti tranquillement ; personne ne put le rejoindre. Le
lendemain, le maître de la maison quitta ce
monde pour demeurer dans l'enfer éternel.

Chems-eddin était assis une fois à la porte du
collège où il enseignait. Tout à coup un bourreau vint à passer. « Cet homme est un saint »,
dit le derviche. « Mais non, répliquèrent ses
amis, c'est le bourreau du gouvernement. » —
« Mais si, reprit-il, parce qu'il a mis à mort un
saint, l'a par conséquent délivré de sa prison
corporelle et l'a fait échapper de la cage où son
âme était retenue ; en récompense, le saint l'a
gratifié de son état de bienheureux. »

Une nuit, Chems-eddin et Djélâl-eddin Roûmi
conversaient ensemble, sur la terrasse du
collège, dans un pavillon isolé. Il y avait un
clair de lune splendide, les habitants s'étaient
endormis sur les terrasses de leurs maisons.

Chems eddin se tourna vers son voisin et lui
dit : « Les malheureux, ils sont tous comme des
morts ; ils ne se soucient pas de Dieu et l'ignorent.
Je désire que, par l'usage des faveurs sans fin
qui t'ont été concédées par la divinité, tu les
ressuscites, pour qu'ils participent quelque peu
aux bienfaits de cette nuit magnifique. » Djélàl-
eddin se tourna vers la direction de la Mecque
et prononça l'invocation suivante : « Souverain
du ciel et de la terre, en considération du pur
mystère de notre maître Chems-eddin, éveille-
les tous. » Aussitôt un nuage énorme sortit des
régions mystérieuses de l'inconnu, les éclairs
brillèrent et le tonnerre gronda. Il tomba une
telle pluie que personne ne put rester sur les
terrasses et que chacun s'enfuit en rassemblant
ses vêtements. Chems-eddin, pendant ce temps,
souriait doucement : il était content.

Reprenons notre course à travers la ville,
pour joindre enfin, par les bazars presque déserts, la pyramide bleue que nous voyons depuis
notre arrivée. Comme nous l'avons déjà dit, une
allée droite , bordée de boutiques basses en
pisé, couvertes de grosses poutres de bois ni
équarri ni peint, supportant la terrasse, un
simple rez-de-chaussée, sur la rue tirée au cordeau, à ciel ouvert, tel est le bazar de Konia :
misérable entrepôt d'une ancienne capitale
déchue, restée chef-lieu de province parce qu'elle

a le bonheur de posséder le fondateur de l'ordre des derviches tourneurs. Nous franchissons rapidement cet amas de boutiques pour arriver au *turbé* de Djélâl-eddin.

Une entrée étroite fermée par une légère grille à hauteur d'appui, que l'on pousse sans effort, comme c'est l'installation de la plupart des dervicheries de Constantinople, laisse pénétrer sur un parvis de marbre divisé en allées étroites par de petits jardins. Tout autour, des loges vitrées, décorées en salons turcs, munies de sofas bas, de miroirs et de pots de fleurs, servent d'appartement de réception. C'est là que nous reçoit le vicaire du Tchélébi ou grand prieur des derviches, remplaçant son chef qui prenait des bains d'eau thermale à Ilghin, et que nous n'avons pas pu voir. Tout cela est fraîchement décoré et propre ; les peintures sont même un peu criardes ; on aimerait à trouver de ces vieilles peintures sur bois, fruits, fleurs ou paysages fantastiques, comme dans les anciennes maisons de Damas, mais il n'y en a point de trace ; contentons-nous de déguster la boisson sucrée offerte par les derviches, en devisant avec le directeur des finances de la province, un Crétois, que son accent fait aisément reconnaître comme d'origine grecque. Puis, c'est le moment de visiter le mausolée.

A l'extérieur, ce n'est guère qu'une mosquée

6 *

turque comme on en a vu tant, à Constantinople, a Brousse et ailleurs, fortement crépie
à la chaux, quelque peu réchampie de jaune
dans les parties ombrées. Mais l'intérieur est
caractéristique. Voici d'abord deux grandes
salles de danse qui se suivent, parquet en bois
blanc bien égalisé, tout autour des balustrades
peintes en blanc pour les spectateurs ; enfin le
théâtre classique des ébats des derviches tourneurs, comme on en voit dans tout l'Orient,
mais ici de proportions plus vastes, plus
grandioses, comme si des troupes entières
coiffées du bonnet de feutre brun clair, allaient
s'élancer en cadence au son du *nâï* (la flûte de
roseau). La porte du fond s'ouvre et nous
entrons dans une vaste nef assez sombre, qui
s'étend parallèlement aux salles de danse Cette
nef est divisée en deux parties, un long couloir
passablement large où le visiteur peut se promener à l'aise, et puis, derrière une grille ou-
vragée, une foule de tombeaux musulmans,
revêtus d'étoffes et comme habillés, avec des
bonnets de feutre de toute grandeur et de toute
forme qui semblent donner la vie à cette
masse de monuments de marbre. C'est là que
repose toute la lignée des grands prieurs de
l'ordre des Mevlévis, depuis Djélâl-eddin Roûmi,
le poète moraliste de Balkh. fixé auprès de la
cour des Seldjoukides, et son fils Sultan-Wéled,

poète lui-même, jusqu'au père du Tchélebi
actuel. C'est là que l'on saisit, comme un trait de
lumière, cette vénération constante de la famille
d'Osman pour la famille du poète persan, et
pourquoi c'est encore aujourd'hui le Tchélébi
qui ceint le sabre au souverain constitutionnel
des Ottomans, lors de la cérémonie de l'intronisation de la mosquée d'Eyyoub à Constantinople, en souvenir de ce drapeau et de ce
tambour que les ancêtres du Padischah de
Stamboul reçurent jadis, comme signe d'inves-
titure, de la part des souverains d'Iconium.....
   On comprend alors le culte du souvenir qui
s'attache au lieu où reposent les cendres de
l'auteur du Mesnévi, sauvant la ville de Konia
de l'oubli et de la ruine complète.
   Comme l'on sait, Djélâl-eddin Roûmi était
né à Balkh, dans l'Asie centrale, non loin des
rives de l'Oxus, le 6 Rébi 1ᵉʳ 604 (30 septembre
1207). La légende prétend que déjà, à l'âge de
cinq ans, il jeûnait trois ou quatre jours de suite.
Quoi qu'il en soit, il était formé à une rude école
par son père Béhâ-eddin, qui a laissé, dans le
monde musulman, la réputation d'un saint. A
quatorze ans, son père l'emmenait avec lui faire
le pèlerinage de la Mecque, et c'est à son retour
de ce pieux voyage qu'Alâ-eddin Kaï-Kobâd
les fit venir tous deux à Konia. Béhâ-eddin
mourut dans cette ville en 631 (1233-34), pendant

le long règne d'Alâ-eddin. Quant à Djélâl-eddin
Roûmi, c'est en 672 (1273-74) qu'il rendit son
âme à Dieu, après avoir laissé à la littérature
persane deux chefs-d'œuvre, le *Mesnévi* ou
poème rimé deux à deux, et son *Diwân* ou recueil
de poésies diverses.

Si Béhâ-eddin avait de bonne heure habitué
son fils à des pratiques dévotes et à des con-
templations mystiques, c'est néanmoins à un
autre personnage que le rattache sa filiation
mystique ; c'est à Chems-eddin de Tébriz, dont
le tombeau est encore vénéré à Konia, ainsi
que nous l'avons vu. Il y a de nombreuses ver-
sions, toutes légendaires, sur l'épisode de la
rencontre de Chems-eddin Tébrizi et de Djélâl-
eddin ; nous n'en retiendrons, pour l'histoire,
que ce seul fait, c'est que cette rencontre eut
lieu à Konia même, à une époque où déjà
Djélâl-eddin jouissait de la plus haute réputation de sainteté. L'auteur du *Mesnévi* était déjà
rompu depuis longtemps aux obscurités de la
philosophie mystique de la Perse, lorsque la
connaissance qu'il fit de Chems-eddin donna
une forme définitive à sa doctrine et surtout
aux pratiques de dévotion qui en sont, pour
des yeux étrangers, la forme la plus apparente,
c'est-à-dire cette pratique bizarre qui a valu un
renom universel aux élèves du grand saint de
Konia, les derviches tourneurs. L'Européen qui

voyage en Orient, soi-disant pour s'instruire, et en réalité, à la poursuite de sensations pittoresques qu'il ne trouve plus dans un continent uniformisé et vieilli, ne connaît guère de ces religieux que les séances de valse à six pas qu'ils ont accoutumé de donner au public, deux fois par semaine. Il paraîtra toujours étrange que des religieux cherchent une inspiration divine dans l'étourdissement produit par un tournoiement continu ; mais si l'on songe que certaines sectes chrétiennes, comme les *shakers*, n'ont pas hésité à chercher cette inspiration dans un tremblement et des agitations hystériques, ainsi que les adeptes du diacre Pâris ; que les confréries musulmanes, devenues si puissantes dans le nord de l'Afrique ont recours, dans le même but, à des pratiques plus sauvages et plus barbares, on reconnaîtra, dans la valse des derviches tourneurs, une pratique au moins innocente, qui n'a jamais soulevé le fanatisme de ses adeptes et dont le principal usage est aujourd'hui de récréer les yeux des curieux.

N'est pas Mevlévi qui veut. « Il y a dans cette confrérie, dit le biographe de Djélâl-eddin Roûmi, cette règle que lorsque quelqu'un veut y entrer, il doit servir ses futurs confrères pendant mille et un jours (ce qui fait environ deux ans et neuf mois), de la façon suivante :

40 jours, pansage des quadrupèdes :
40   »   balayage pour les pauvres ;
40   »   tirer de l'eau ;
40   »   étendre les matelas ;
40   »   faire le bois ;
40   »   faire la cuisine :
40   »   faire le marché ;
40   »   service de l'assemblée des derviches ;
40   »   inspection ;
et ainsi de suite en recommençant jusqu'à ce
que le temps fixé soit accompli. Si le novice
manque un seul jour à l'observation de cette
règle, il est obligé de recommencer. Lorsque
le terme est arrivé, on lui donne l'ablution
du repentir de tous les péchés, on le revêt de
l'uniforme du couvent, on récite sur lui le nom
de Dieu, on lui donne une cellule pour s'y
reposer et y faire ses dévotions, on lui en-
seigne la voie des exercices pieux et du zèle ;
cette personne reste ainsi occupée jusqu'à ce
que la pureté se manifeste dans son intérieur »,
c'est-à-dire, selon toute évidence, jusqu'à ce
qu'elle se croie en relation directe avec la
divinité par le moyen de la valse, de la médi-
tation et de la musique.

Oui, de la musique. Car les derviches tourneurs sont essentiellement musiciéns. Leur
zikr (en Algérie *Dikr*) ou réunion pour les
exercices pieux s'appelle plus volontiers *Simâ*

(musique) ; et s'il est vrai que la musique
adoucit les mœurs, on n'en saurait citer de meilleur exemple que celui des disciples du derviche
poète de Balkh. Quoi de plus mélancolique
que le début du *Mesnéri*, où le poète, selon
l'habitude des *Soufis* de Perse, décrit en termes
figurés la tristesse de l'âme séparée du grand
Tout, et cherchant à l'atteindre de nouveau à
travers les accidents de l'Etre, qui l'égarent
sans cesse :

« Ecoute la flûte de roseau, ce qu'elle raconte
et les plaintes qu'elle fait au sujet de la sépara-
tion : Depuis que l'on m'a coupée, dit-elle, dans
les roseaux des marais, hommes et femmes se
plaignent à ma voix. Mon cœur est tout déchiré
par l'abandon ; c'est pour que je puisse expliquer les chagrins causés par le désir. Toute
personne qui reste loin de son origine, cherche
le temps où la réunion s'opérera de nouveau.

» C'est pour une assemblée que je pousse mes
plaintes ; je suis la compagne des heureux et des
malheureux.... Cette voix de la flûte, c'est du
feu et non du vent ; qui n'a point ce feu, puisse-
t-il ne pas exister ! »

La mélancolie ne pousse guère à l'action. Les
doux Mevlévis, tout occupés de leur danse
sacrée, ne portèrent jamais ombrage au pouvoir
politique, et n'ont jamais suscité d'inquiétude,
ni dans les conseils de la Porte, ni chez les

puissances que l'on a tenté d'appeller musulmanes parce qu'elles ont un grand nombre de
sujets fidèles à l'islamisme, comme la Russie,
l'Angleterre, la France, les Pays-Bas. Néanmoins le *Tchélébi*, prieur en chef de tous
les derviches tourneurs et descendant direct
de Djélâl-eddin Roûmi, joue encore aujourd'hui
un rôle dans les cérémonies officielles de l'Empire Ottoman : c'est lui qui a l'insigne honneur,
lors· de l'intronisation des souverains de la
famille d'Osman, de ceindre au Sultan le sabre
dans l'inviolable mosquée d'Eyyoub, à Constantinople.

La réputation de sainteté de Djélal-eddin
Roûmi est fondée sur des miracles : on trouve,
dans le *Ménâkibi-Chérif*, une foule d'anecdotes
qui tendent à établir cette renommée ; cet
ouvrage est la *Légende dorée* des derviches
Mevlévis. Nous permettra-t-on d'extraire de ce
manuscrit persan un petit nombre de ces
récits, qui jettent un jour curieux sur les
origines de l'ordre des derviches tourneurs ?

L'épouse de Djélal-eddin, Kira-Khatoun, la
plus pure d'entre les femmes de son époque, raconte ce qui suit : « Le Maître, un jour, pendant
l'hiver, était assis avec Chems-eddin Tébrizi en
conférence secrète ; il était accoudé sur les
genoux de Chems-eddin, et moi, toute étonnée,
j'écoutais pour entendre ce qu'ils diraient. Tout

à coup je vis le mur de la maison s'ouvrir et
six individus entrer avec respect, saluer et
déposer un bouquet de fleurs devant le Maître.
Ils restèrent assis jusqu'à l'heure de la prière
de l'après-midi, sans qu'un mot fût prononcé.
Le Maître fit signe à Chems-eddin qu'il était
temps d'accomplir le rite de la prière, et qu'il
devait remplir les fonctions d'imam. Quand
vous êtes présent, dit Chems, nulle autre
personne ne doit remplir ces fonctions, »
Djélâl-eddin présida donc à la prière. Quand
celle-ci fut terminée, les individus qui avaient
apporté le cadeau se levèrent et sortirent par
l'ouverture du même mur. Quant à moi, pleine
d'effroi, je m'évanouis. Lorsque je revins à moi,
je vis le Maître sortir et me remettre ce bouquet
en me recommandant de le conserver. J'en en-
voyai quelques feuilles à la boutique d'un dro-
guiste ; on me répondit qu'on n'avait pas encore
vu cette espèce de fleurs, avec tant de fraîcheur,
de coloris et de parfum. Tout le monde resta
étonné et se demanda d'où, en hiver, on avait
pu apporter de pareilles fleurs. On dit que le
Maître conserva ces feuilles jusqu'à son dernier
souffle ; et que, si quelqu'un avait mal aux yeux,
il frottait une feuille sur la partie malade et la
guérissait. Le coloris et le parfum de ces fleurs
ne changèrent jamais. »

Il n'y a point de doute que les six personnages

mystérieux ne fussent des anges, et que les
fleurs ne provinssent en droite ligne du paradis.

Akmal-eddin le médecin, un des grands médecins du Roum, s'était une fois, avant de devenir le disciple du Maître, rendu chez lui. Celui-
ci lui ordonna de préparer un laxatif et des
pilules pour dix-sept amis de choix. Le jour fixé
pour prendre le médicament, le Maître se rendit
chez Akmal-eddin; le médecin sortit à sa rencontre et lui prodigua des marques d'humilité.
Le Maître entra et but les dix-sept potions une
à une en prononçant à chaque reprise les mots :
« Louange à Dieu, seigneur des mondes! »
Akmal-eddin, effrayé à cette vue, resta stupé-
fait sans pouvoir parler. Ensuite le Maître se
dirigea du côté de son collège. Tous les compagnons furent également stupéfaits de cet
état, en se demandant comment son tempéra-
ment délicat et fatigué par les exercices pieux
pourrait résister à ce traitement. Pendant un
moment il fit des recherches et commença son
cours en parlant de la science d'Akmal-eddin.
Lorsque celui-ci, qui était parti sur les traces
de son patient, entra, il le vit appuyé contre le
mihrab (niche de la mosquée) et occupé à expliquer les vérités de la science. Par plaisan-
terie, il lui demanda : « Comment va votre
santé ? » Djélâl-eddin répondit : « Les ruisseaux
coulent sous ces arbres « (phrase du Coran pour

désigner le paradis ; cela veut dire : Je me sens mourir). » Le médecin répliqua : « C'est ce qui arrivera, tant que le Maître s'abstiendra d'eau. »

Immédiatement le Maître se fit apporter de la glace, et ayant réfléchi, se mit à manger de ces morceaux de glace; il en avala tellement qu'on ne saurait le dire. Ensuite il se rendit au bain, et après s'être baigné il commença à exécuter le *simâ* (danse des derviches tourneurs) qu'il continua pendant trois jours et trois nuits.

Cependant Akmal-eddin avait déposé son turban sur le sol (signe d'un profond désespoir) et poussait des gémissements en disant : « Un pareil état n est pas réservé à l'homme par le destin, il faut donc que Djélâl-eddin soit en communication intime avec la Divinité. » Au même moment il se déclara, avec ses enfants, disciple du Maître ; il raconta cette aventure aux autres médecins, qui devinrent disciples et croyants, et avouèrent que cet homme était véritablement aidé par Dieu, et un médecin divin.

Un jour *l'émir-i-pervanèh* ou chancelier de l'Etat dit : « Le Maître est un sultan dont le pareil, j'imagine, ne s'est pas vu depuis des siècles ; mais ses disciples sont de mauvaises gens et des bavards. » Par hasard un ami du derviche était présent ; attristé par ces paroles, il ne put les supporter davantage ; il le fit savoir

au Maître, dont les amis furent bien contristés.
Immédiatement Djélâl-eddin écrivit au ministre
le billet suivant :
« Si mes disciples étaient de bonnes gens,
c'est moi-même qui me ferais leur élève ; c'est parce qu'ils sont mauvais que j'ai accepté d'être leur
maître, pour qu'ils changent, deviennent bons
et entrent dans la confrérie des gens de bien. »
Lorsque le ministre eut lu ce billet, sa cro-
yance devint mille fois plus grande. Il se leva,
se rendit à pied auprès du Maître et lui présenta ses excuses.

On dit qu'un jour le chancelier avait convoqué
une grande réunion où tous les grands personnages étaient présents, et même le sultan Rokn-
eddin. Le concert se prolongea jusqu'au milieu
de la nuit. Le Sultan s'étant senti fatigué, se
pencha vers l'oreille de son ministre et lui dit :
« Si la musique s'arrêtait, nous nous repose-
rions. » Immédiatement Djélâl-eddin ayant fait
un signe, le concert s'arrêta ; mais le chéikh
Abd-er-Rahman Chéyyâd fit du tapage et
poussa des cris. Le Sultan dit de nouveau à
l'oreille du ministre : « Ce derviche, quel personnage éhonté ! il ne s'arrête pas. « Or cela
voulait dire, dans son idée : son extase est plus
profonde que celle de Djélâl-eddin, puisqu'il ne
s'arrête pas.
Celui-ci ayant compris cette pensée secrète,

dit au chéikh : « Vous avez dans le corps un
petit ver qui attire votre chair vers le royaume
d'en-bas (l'enfer) et qui est cause que vous faites
tant de bruit et de tapage. C'est pourquoi vous
ne pouvez pas vous reposer ni supporter un
instant la conversation des saints. Quelqu'un
qui a dans le corps un dragon à la gueule ouverte, qui fait toujours du bruit et excite son
orgueil, comment pourrait-il se reposer et se
tenir tranquille ! »

Lorsque le sultan Rokn eddin vit deux fois se
produire le miracle qui consistait à lire dans sa
propre pensée, il devint sincèrement disciple
du grand Maître de Konia.

CHAPITRE XII

Coup d'œil sur la civilisation de l'Asie Mineure au
XIII° siècle.

Le moyen-âge byzantin nous offre, sur les
frontières orientales de ce qui restait encore debout de l'Empire romain, un spectacle bien
digne d'intérèt. Sur cette frontière, qui confinait
à l'Arménie et que les Arabes, malgré quatre
siècles d'incursions annuelles, avaient à peine
entamée, on voit s'élever rapidement, au
XI° siècle, un Etat puissant qui,en une cinquantaine d'années à peine, conquiert Sébaste, Césarée de Cappadoce, Iconium dont il fait sa capitale, et même Nicée, presque aux portes de
Constantinople. La première croisade arrète·
son essor ; après le passage de l'armée de Godefroy de Bouillon, il se maintient encore dans
la région centrale de l'Asie Mineure, il guerroie
toujours contre les Grecs, mais il a renoncé à
de hautes visées, il ne s étend guère vers le

Nord, il abandonne Nicée à ses anciens maîtres remis en possession par les Croisés. Ce fut là une période de prospérité que l'Asie Mineure n'avait pas connue depuis longtemps : sans rappeler les beaux temps de l'Empire romain, où une vie municipale intense avait peuplé la presqu'île de monuments superbes,

Magnificas Asiæ perreximus urbes,

l'Anatolie jouit d'une tranquillité relative, à peine troublée par des compétitions de princes héritiers du trône ; c'est l'époque où l'on construit des caravanséraïs sur les routes, comme à Ishakly et à Dokouz, des mosquées et des médressés dans les villes, comme à Konia. Cela dura environ cent vingt ans. Puis vinrent les Mongols : si, grâce à de sages et prudentes capitulations, l'Anatolie ne vit pas les effroyables destructions de la Perse et de Bagdad, elle n'en fut pas moins ruinée par les exactions de ses maîtres, qui devaient, sous peine de durs châtiments, payer le tribut annuel consenti aux conquérants, et qui se trouvaient réduits, de souverains indépendants, au rôle modeste et odieux de collecteurs d'impôts. L'Anatolie vécut une cinquantaine d'années sous ce régime ; puis l'état d'Iconium disparut et se fractionna en principautés indépendantes qui se firent la guerre les unes aux autres et finirent, au quinzième siècle, par être absorbées par l'Empire Ottoman, déjà maître de Constantinople et de toute la Turquie d'Europe jusqu'au Danube.

L'influence persane fut dominante à la cour d'Iconium, à partir du commencement du treizieme siecle, et surtout celle du *Livre des Rois* de Firdausi, composé deux cents ans auparavant. Je n'en veux pour preuve que les noms portés par presque tous les membres de la branche cadette, qui régna à partir de l'an 1205. Izz-eddin Kylydj-Arslan II avait conservé à son fils aîné et a son petit-fils les noms traditionnels de la famille ; ils s'appelaient, le premier, Rokn-eddin Soléiman, et le second, comme son grand-père. Mais lorsque, apres la mort de Kylydj-Arslan III, Ghiyâth-eddin Ier monta sur le trône, nous assistons à un changement complet : lui-même portait le nom de Kaï-Khosrau, et puis c'est un défilé de noms empruntés à l'épopée persane, Kaï-Kâous, Kaï-Kobâd, Kaï-Féridoun. On se demande si les sultans du Roum ne s'imaginaient pas recommencer l'histoire légendaire de la Perse sur un nouveau terrain. Lorsqu'Alà-eddin Kaï Kobâd fit élever les murs de Konia et de Sîwâs, on y traça des vers du *Châh-namèh*, parmi les versets du Corân et les *hadîth* du Prophète. Dans le voisinage, on se demandait si les Seldjou-

kides n'étaient pas devenus païens, mages ou
guèbres, et Nour-eddin Zenghi, prince d'Alep,
un musulman convaincu, exigea que Kylydj-
Arslan II renouvelât, entre les mains de son
ambassadeur, la profession de foi de l'islI-
misme, parce qu'il ne le croyait pas un vrai
fidèle.

Ce dernier trait, surtout, en dit long sur la
réputation que s'était acquise, dans le monde
musulman, la cour d'Iconium ; pour nous, c'est
un indice précieux de l'état d'âme de ces princes
artistes, devenus libéraux par indifférence, entourés de chrétiens de tous côtés : à l'ouest
l'Empire grec de Byzance renaissant, à l'est le
royaume de la Petite Arménie, au nord les
hautes montagnes d'Erzeroum peuplées d'Arméniens ; enfin appelant à Iconium même
ces derviches libre-penseurs venus de l'Asie
Centrale, cachant sous l'étiquette de l'islamisme
leurs tendances mystiques et leur doctrine purement morale, étrangère à toute révélation.

Si les sultans de Roum avaient cherché en
Perse leurs inspirations philosophiques et lit-
téraires, c'est à la Syrie qu'ils allèrent demander
les architectes qu'il leur fallait pour élever les
monuments de leurs règnes. L'appareil de la
construction, dans la mosquée d'Alà-eddin, en
belles pierres de taille parfaitement jointoyées,
rappelant certaines anciennes mosquées de

Syrie de l'époque des Mamlouks, la langue des
inscriptions, qui est toujours l'arabe, enfin le
nom même de l'architecte, Mohammed ben
Khaulân-ed-Dimachki (le Damasquin), inscrit
sur son œuvre, tout démontre qu'il faut y voir
un spécimen, et même l'un des plus remarquables et des mieux conservés, de l'art arabe au
commencement du treizième siècle.

Il est bien clair maintenant que la cour d'Iconium présentait un mélange parfaitement éclec-
tique : le mystique persan, poète et religieux
contemplateur. y coudoyait l'Arabe de Syrie,
musulman convaincu : le premier imposait les
noms des héros du *Châh-nâmèh* à des princes
turcs, le second traçait sur la pierre les titres
purement musulmans des mêmes. Aujourd'hui
que plusieurs siècles ont passé sur ces souvenirs, il reste bien, il est vrai, les inscriptions
qui reflètent les tendances des lapicides ; mais
pour ce qui est de l'esprit à la fois sceptique et
mystique de la Perse, on peut dire qu'il est
encore vivant et qu'il règne à Konia ; il y est re-
présenté, autour du tombeau de Djelâl-eddin
Roûmi, par ces bons religieux à l'esprit calme
et point fanatique que les Européens connaissent
sous le nom de *Derviches tourneurs.*

CHAPITRE XIII.

Dernière excursion dans la plaine de Konia. — Le tombeau du saint artificier — Une légende disparue.

On vient de nous signaler l'existence de vieux turbés dans la plaine. Vite, il faut s'y rendre, dans l'espoir d'une cueillette épigraphique. Pour quinze piastres, un peu plus de trois francs, nous louons une carriole non suspendue qui, au petit trot de ses deux maigres chevaux, nous cahotera jusqu'au soir sur les sentiers qui traversent les jardins. Du Khan d'Essad-Effendi nous gagnons rapidement la ceinture de terrains, les uns cultivés, les autres en friche, mais tous bordés d'arbres, qui font à Konia une ceinture passablement riante, au milieu du désert qui l'entoure.

Au bout de trois quarts d'heure de route, sur le chemin qui mène à Mérâm, origine des sources qui fournissent à la ville les eaux chargées de sels calcaires que nous avons déjà signalées, nous rencontrâmes une coupole abandonnée, mais non ruinée, en ce sens qu'elle tenait encore debout, mais dégradée et pitoyable d'aspect. On nous dit que c'était le tombeau d'Atèch-bâz Véli (le saint artificier), un nom curieux, qui sent sa légende populaire d'une lieue. Mais nous ne pûmes rien savoir sur l'origine de ce nom. Le voiturier était de la ville, le sergent de police était étranger au pays, et les alentours du mausolée sont absolument déserts. Dans ces conditions, il ne restait qu'à interroger les pierres ; et voici ce qu'elles nous répondirent.

Au-dessus de la fenêtre qui donne sur la route, et qui est d'ailleurs ouverte aux quatre vents, une inscription arabe porte ce qui suit :

« Ce tombeau (est celui de) l'heureux martyr, le pardonné, Chems-elmillèh w'edidn (le soleil de la nation et de la religion), fils de Yousouf, fils d'Izz-eddin. (Il a été transporté) vers la miséricorde du Dieu très-haut, dans le mois de rédjeb de l'an 684 (milieu de septembre 1285). »

Pénétrant ensuite, à force de bras, par la fenêtre de derrière, plus accessible, dans l'intérieur du monument, sous la coupole, nous lûmes, sur le tombeau lui-même, d'un côté, ces mots : « Ce tombeau (est celui de) l'heureux martyr Chems-eddin, fils de Yousouf, fils d'Izz-eddin », et de l'autre :

« Dans le milieu du mois de rédjeb de l'an 684 (milieu de septembre 1285). »

TOMBEAU DE NASR-EDDIN-KHODJA A AK-CHÉHIR

Les deux inscriptions concordent donc. Ce mausolée est une des dernières constructions élevées au XIII siècle, peu de temps avant la disparition totale de la dynastie d'Iconium, car la date qu'il porte nous conduit jusqu'au règne de· Ghiyâth-eddin Masoûd, le dernier, pour les uns, et pour les autres l'avant-dernier sultan Seldjoukide de Roûm.

Nos deux chevaux efflanqués trottent de nouveau à travers la plaine, coupant les nombreux ruisseaux qui portent à la ville l'eau des sources. Nous vîmes encore des coupoles ruinées et des tombeaux de derviches, mais sans trouver une inscription pour nous guider au milieu de ces décombres anonymes. Notre journée était finie ; il fallut rentrer pour nous occuper des préparatifs du départ, sans avoir éclairci la légende du *saint artificier*.

Avant de quitter définitivement Konia, adressons nos bien sincères remercîment aux quelques Européens égarés dans ces contrées perdues, à MM. Köppe, directeur de la Banque impériale ottomane, de Boussigneau, qui remplissait alors les fonctions de caissier de la même administration, Radziwonòwicz, ingénieur en chef de la province, et aux agents de la Dette publique et de la Régie des tabacs, qui nous ont facilité nos travaux, nos recherches et notre séjour.

CHAPITRE XIV

La même route parcourue à rebours. — En détresse au Khan de Tcherkess-Keuï. — En carriole d'Ilghin à Ak-Chéhir. — Découverte d'un landau. — De Tchaï à Dinair à travers les fondrières et les coupe-gorge.

Notre retour se fit très rapidement. Quatre jours de Konia à Dinair, tête de ligne du chemin de fer de Smyrne, et un jour entre ces deux dernières villes, c'est très rapide pour ces contrées-là. Obligés, par suite de nouvelles de famille qui rappelaient mon compagnon à Constantinople et, en ce qui me concerne, par l'état de ma santé, affectée par les fatigues du voyage, de renoncer au retour que nous avions projeté par la Pisidie, nous dûmes nous préoccuper de gagner le plus vite possible la station de chemin de fer la plus proche ; or le moyen le plus rapide de locomotion est encore la voiture, qui peut profiter des tronçons de route carrossable qui existent au nord de Konia. On trouve des landaus de louage ; le nôtre, par hasard, se trouvait préci-

sément dans la cour du caravanséraï d'Essad-
Effendi, où nous logions. Il était donc facile de
faire ses paquets et de les charger.

Il est bien ennuyeux de refaire le même chemin ; il le serait encore plus de le raconter. La
route carrossable se sépare du vieux sentier qui
servait naguère de chemin en un petit nombre
de points seulement. Ainsi, après Dokouz, nous
quittâmes le chemin qui nous avait amenés à
l'aller, et qui n'est praticable que pour des pié-
tons ou des cavaliers ; nous suivîmes le long
lacet tout blanchâtre qui, par des pentes douces,
évite Ladik, qu'on laisse sur la gauche, et nous
allâmes nous reposer dans un caravanséraï tout
neuf, en bois non peint et en torchis, qui s'appelle Mektoubdji-Khan parce qu'il a été récemment bâti par le *mektoubdji* ou directeur de la
correspondance de la province de Konia. Il y a
là une source dont les eaux sont retenues par
un bassin artificiel dont la margelle est entièrement formée de pierres antiques avec des traces
de sculptures, de moulures, etc. Ces pierres
viennent de Ladik.

On passe la nuit à Kadyn-Khan. Le matin, le
soleil était radieux, les chevaux reposés, et
nous filions bon train lorsque le cocher, très
inquiet, depuis quelque temps, arrête court et
se précipite en bas de son siège. Le landau allait
prendre feu. Voici quelle était la cause de cet

incident ridicule. Notre voiture était remisée
depuis quelque temps dans le khan d'Essad-
Effendi à Konia, lorsque nous la louâmes. Le
cocher, en homme prudent, avait mis à l'abri
tout ce qui en aurait pu être enlevé, et parmi
ces objets se trouvait la clef qui sert à dévisser
le moyeu de la roue quand on veut en renouveler la graisse. Cette clef, il l'avait tout simplement oubliée au moment du départ ; et plutôt
que d'avouer son oubli, ce qui nous aurait
donné le moyen d'y remédier en faisant chercher cet instrument indispensable, il avait préféré s'en remettre à la grâce de Dieu. Les lois de
la nature n'ayant pas tardé à prendre le dessus,
le frottement était tout simplement en train de
mettre le feu à la voiture.

Fâcheux contre-temps ! Pour comble de
malheur, cet accident nous arrivait au pont de
Tcherkess-Keuï, à trois heures de Kadyn-Khan
et à une heure et demie d'Ilghin, dans un
endroit absolument désert, sauf le petit village
circassien dont nous avons déjà parlé. Sur le
bord de la rivière, pour nous abriter, un khan
qui n'était qu'une étable à bestiaux. Impossible
de dévisser le moyeu de la roue. Il ne restait
qu'une chose à faire : dépêcher un de nos gendarmes à Ilghin avec ordre de nous ramener des
chevaux, gagner cette petite ville, y louer une
carriole (*tatar arabassy*) et tâcher d'arriver le

soir à Ak-Chéhir, où l'on nous affirmait que nous trouverions un autre landau. L'exprès parti, il fallut attendre son retour ; ci, trois heures en plein soleil Pour passer le temps, nous copiâmes une inscription funéraire grecque, encastrée dans le jambage de droite de la porte :

A$\overline{YP}$ KYPIAKOCГI
TATHIΔIAГY
MIA ANECTH
MNHMHCXAP
KAI A$\overline{YP}$^ωПENΘE
AYξANONTIυI
ΦPONTEΛMH
TATPOCAYP
TOYANCOTH
MNHMHCXAP

Une inscription arabe, gravée sur un fût de colonne antique entrant dans la construction du parapet du pont, attira notre attention: Elle est de l'époque turque et rappelle la date où ce pont fut construit ou reconstruit, le mois de Rédjeb de l'an 924 (juillet 1518). Le nom de l'architecte, originaire de la ville d'Ak-Séraï, est indéchiffrable.

Enfin les chevaux arrivent d'Ilghin. Nous les enfourchons avec plaisir, après avoir forcé notre cocher imprudent, qui nous avait mis

dans l embarras, de nous donner une lettre
pour son compère d'Ak-Chéhir,le possesseur du
second landau convoité ; nous l'abandonnons
d'ailleurs à la garde de sa voiture, remisee par
nous dans l'étable, en attendant qu'un serrurier
d'Ilghin lui fabriquât une clef provisoire permettant de graisser les roues et de recommencer
à courir les grandes routes. Au caravanséraï
d'Ilghin, il fut facile de trouver un *araba* : la
caisse de la voiture montée sur quatre roues
légères, ne se composait que de quatre planches
sur lesquelles il etait loisible de s'étendre tout de
son long ; elle était à ciel ouvert et un gros orage
qui menacait venait d'éclater ; néanmoins pour
nous, c'était le salut, la possibilité d'atteindre
Ak-Chéhir avant la nuit, et de ne pas perdre
un seul jour dans notre course vers Smyrne.
Cet équipage peu brillant, mais avec lequel on
ne craint pas les mauvaises routes, se voit dans
notre dessin qui représente le pont d'Arghut-
Khané.

Le reste de notre route présente peu d'intérêt. Nous revîmes Arghut-Khané avec son air
de bourgade cossue, sa population de paysans
tranquilles ; nous refîmes consciencieusement
le chemin de l'aller ; à la tombée de la nuit nous
entrions dans Ak-Chéhir, où il fallait encore
se préoccuper de trouver le voiturier ainsi que
des gendarmes pour la route du lendemain :

une soirée fort occupée. La gendarmerie était réduite au plus strict personnel ; tous les hommes dont les armes étaient en bon état avaient été envoyés dans le Sultan-Dagh à la poursuite de l'insaisissable Osman, le bandit Yuruk, qui fait dit-on, vingt-quatre heures de marche dans la montagne, d'affilée, sans se reposer ; et il fallut nous contenter, pour notre escorte, d'un jeune *zaptie* et d'un autre que l'on fit sortir de prison tout exprès ; nous n'avons jamais su pour quelle faute il était au *bloc* ; mais il est certain que sa mine n'était pas fameuse.

Je passe sur toutes ces petites misères. Le lendemain, à la première heure du jour, un landau attelé de deux chevaux vigoureux nous entraînait vers le nord. Ishakly, que nous brûlons, et Tchaï, où nous nous arrêtons pour déjeuner d'un panier de cerises et de quelques provisions, nous rappelle des sites où nous avons trouvé matière à étude. A Tchaï, nouvelles difficultés pour trouver une escorte. Plus de gendarmes du tout, sauf le maréchal-des-logis, pénétré de son importance. Nous insistons ; on nous promet un gendarme, un seul, qui va arriver dans quelques instants de Boulawadin et nous rejoindra sur la route.

Nous partons. Ici, au sortir de Tchaï, le chemin tourne brusquement à gauche, pour

contourner la masse noirâtre du Sultan-Dagh
et pour se glisser par divers cols connus des
caravanes, jusqu'aux sources du Méandre. Nous
laissons la route carrossable continuer vers le
nord dans la direction d'Afioun-Kara-Hiçâr.
Nous nous lançons en plein dans l'ouest, par
des chemins à peine frayés. A Pazar-Aktché,
le premier village que nous rencontrons, nous
laissons souffler les chevaux, ce qui permet au
gendarme promis de venir en effet nous
rejoindre. Pazar-Aktché n'a rien de particulier,
que des traces d'antiquités dans ses rues. Le
landau roule de nouveau. Cette échancrure de
la montagne a l'aspect d'un vaste bassin, avec
un petit lac marécageux dans l'ouest. Voici le
village de Karadjé-Véiran, et celui de Guénéli,
où nous devons passer la nuit. Tout cela est
très misérable. A Guénéli, il y a un khan, de
construction toute récente : la terre mêlée de
paille qui a servi à le bâtir est toute humide et
voit germer des plantes dont la tige verte s'é-
lance de toutes les fissures ; néanmoins c'est un
logis propre, et il y là un café, tout reluisant du
cuivre des narguilés, que tient un Arménien
venu de Kara-Hiçar, seul chrétien au milieu de
ces populations entièrement musulmanes. Devant Guénéli, qui est tout au fond du bassin,
il y a des marécages jusque dans les coins des
derniers replis de la montagne. Il fait encore

jour ; nous avons tout le loisir d'étudier de
près le *kañly*, le chariot à deux roues pleines
qui était le seul véhicule de l'Asie Mineure avant
l'introduction de la charrette à quatre roues par
les *mouhâdjirs* ou émigrés de la Bulgarie et de la
Roumélie orientale. Ce nom, qui est turc
(comparer le nom de Kañlydja, un des villages de la côte asiatique du Bosphore), se
prononce par ici *kañy*. Comme dans les roues
des wagons de chemin de fer, les deux roues
font corps avec l'essieu et tournent avec lui : le
coffre de la voiture repose directement sur
l'essieu, et deux taquets l'empêchent de glisser
d'avant en arrière. Tout le *kañy* est en bois : il
n'entre pas de fer dans sa construction. Les
roues sont de deux sortes : les plus ordinaires
sont simplement massives, taillées telles quelles
dans un tronc d'arbre ; les plus récentes dont
l'usage, paraît-il, se serait répandu, par suite
d'un ordre émané de haut, se composent de six
segments disposés en deux étages concentriques
formés chacun de trois segments.

4 juin. — En sortant de Guénéli, le chemin,
qui n'est qu'un sentier sur lequel se lance bra-
vement la voiture, gravit un col rocailleux peu
élevé, au bout duquel on commence à descendre, par bonds successifs, d'étage en étage.
Nous traversons en vingt-cinq minutes le long

défilé de Kyz-kapan, réputé comme dangereux ;
c'est un vrai coupe-gorge, la route très encaissée est dominée de toutes parts et serpente
entre deux murs légèrement inclinés. Le Yuruk
Osman y accomplit plusieurs de ses plus belles
prouesses, et n'étaient les cent cinquante gendarmes courant à ses trousses dans le Sultan-
Dagh, je ne garantis pas que nous y aurions
passé aussi tranquillement. Ensuite nous dé-
bouchons dans une longue plaine, nue, sans
arbres, mais couverte de villages, parmi lesquels
celui d'Arpa-Arslan, où nous nous arrêtons,
dans un café qui n'est qu'une chambre basse, à
fleur de terre, avec une estrade en torchis. Puis
nous arrivons à des descentes très difficiles, où
il faut porter la voiture à bout de bras, ou la
retenir tandis que les chevaux menacent de
s'emporter. En Orient, il y a vraiment un Dieu
pour les mauvaises voitures et les mauvais
cochers ; là où une voiture d'Europe se briserait
vingt fois, la calèche d'Orient passe, lentement
il est vrai, mais sans accident.

La plus longue et la plus pénible de ces passes
est celle de Gun-Gueurmèz, dans des rochers
épouvantables, à peine usés par le passage inces-
sant des caravanes. L'horizon s'élargit beaucoup :
devant nous, les cimes pointues des montagnes
semblent s'écarter en deux rangées parallèles,
pour laisser une large avenue descendant, là-bas,

vers la mer bleue. C'est la vallée du Méandre.
Aktché-keuï est lui-même au bas d'une descente
scabreuse, encombrée de caravanes de toute
espèce, au milieu desquelles nous avons mille
peines à nous frayer un passage. La fontaine
qui arrose le village est prise d'assaut par des
caravaniers altérés et par leur bêtes. Un *Mousâ-
fir-Khâné*, très propre, blanchi à la chaux, composé de deux pièces au premier étage, sans
portes ni fenêtres, nous reçoit quelques instants.
Les villageois voudraient bien nous offrir le
café traditionnel ; aussi l'un apporte la poêle à
frire où le café en grains doit être torréfié,
l'autre le grain lui-même, le troisième un fagot
de branchages ; mais tous ces préparatifs nous
effraient : en allant de ce train compassé, il fera
nuit quand le café sera prêt. Nous disons adieu
à Aktché-Keuï et à son hospitalité primitive ;
nos yeux se reposent quelque temps à contempler une plaine verdoyante ; puis, la voiture
part à travers champs pour gagner la crête
d'une dernière descente, non la moins difficile
de toutes, où une longue caravane de Kurdes
nous gêne beaucoup, avec leurs *kañys* attelés
d'une paire de bœufs minuscules, avançant à
grands renforts de cris.

A mi-chemin de la descente, nous nous arrêtons un instant sur un palier ; car, je l'ai dit,
toutes ces descentes se font à pied : la voiture

n'est là que pour nos bagages ; encore faut-il à
chaque instant la soutenir. L'effort musculaire
des bras ne coûte rien, et la manœuvre de force
est à chaque instant indiquée. On se lasse pourtant de ce métier, quand le cas se présente
quatre fois dans une journée. Mais qu'est-ce que
ce mince filet noir qui raie, là, en bas, la plaine
toute verte, encadrée de montagnes sourcilleuses?
Et ces cabanes isolées les unes des autres,
comme dans un campement? C'est le chemin de
fer d'Aidin et de Smyrne, et la gare de Dinair.
On nous le dit, et nous avons toutes les peines
du monde à le croire. Mais un coup de sifflet
retentit, et le long du filet mince, nous voyons
distinctement rouler un train minuscule, comme
un jouet d'enfant. Il n'y a plus de doute ;
encore quelques pas, et nous serons arrivés.

Je ne connais pas de sensation plus étrange
et plus délicieuse à la fois que celle de la rencontre d'une ligne de chemin de fer, au sortir
d'un voyage dans des contrées où le seul véhicule est le cheval ou la voiture primitive. Cette
sensation deviendra de plus en plus fréquente
chez le voyageur qui parcourra l'Orient, que
les chemins de fer entament de plus 'en plus.
Mais il y a quelques années encore, il ne pouvait
en être question ; si harassé qu'il fût, le voyageur
savait qu'il devait atteindre la mer pour y
trouver le bateau à vapeur qui le rattache au

monde civilisé ; et il prenait son mal en patience,
jusqu'au moment où la vue de la mer le trans-
portait d'enthousiasme, comme les Grecs de
Xénophon. Mais en pleine Asie Mineure, au
milieu d'un vaste cirque de montagnes sauvages, aux sources du Méandre, trouver cet
engin de civilisation qu'on appelle le rail, sur
lequel on ne tardera pas à rouler avec délices,
c'est la plus agréable des surprises, parce
qu'elle annonce la fin des peines du touriste.
Ces deux rails noirs qui coupent la plaine verte,
c'est l'Europe, la liberté, le retour !

Nous franchissons les dernières fondrières,
sans accident heureusement, et nous roulons
bientôt dans la plaine, étonnés de ne pas avoir
brisé vingt fois notre voiture dans ces chemins
effroyables. L'entrée à Dinair est gaie ; les
eaux bouillonnantes du Méandre chantent
bruyamment dans les rues de la bourgade,
parsemées de ruines antiques : un beau pont
romain, bien conservé, unit le village à la gare.

Notre première visite fut, on le pense bien,
pour la station du chemin de fer. Aucun train
direct ne parcourt la ligne entière dans l'espace
de vingt-quatre heures, de sorte qu'il faut forcément coucher une nuit en route, à Dénizli ou
à Saraï-Keuï. Nous en avions assez, des hôtelleries d'Asie Mineure, pour envisager de gaîté
de cœur une pareille éventualité. Par bonheur

un train de marchandises est en formation, qui partira à quatre heures du matin et se rendra directement à Smyrne. Malgré la perspective d'une mauvaise nuit et d'un réveil précipité, nous préférons encore cela à une autre nuit passée sur les minces matelas de coton des *Khandjis*. Notre parti est vite pris et nous télégraphions immédiatement à Smyrne : « Envoyez voiture gare de la Pointe, à l'arrivée du train de Dinair ».

Ces dispositions une fois prises, nous rentrons dans la bourgade pour nous mettre à la recherche d'une certaine dame grecque nommée *Kokona Maritza*, que l'on nous a dit tenir une auberge pour les ingénieurs de la compagnie du chemin de fer d'Aïdin, qui, en ces derniers temps, se sont livrés à des recherches considérables et consciencieuses pour trouver la meilleure passe permettant d'accéder sans trop de difficultés aux hauts plateaux du centre. Il paraît que c'est encore le chemin que nous avons suivi depuis Tchaï qui est le plus facile. Grand Dieu ! je ne vois pas trop bien une locomotive haletant sur les fortes pentes qu'il faudra pour racheter une telle différence de niveau. Mais la science des ingénieurs a de ces surprises. Avec un peu de peine, nous trouvons le logis de *Kokona Maritza*, qui nous traite avec du pilau et du vin de l'Archipel... Et, le soir, nous rentrons

au khan endormi, où l'on ne nous attendait
plus, pensant, à bon droit, que nous en avions
par dessus la tête des hôtelleries indigènes. Mais
il fallait être prêts de bonne heure, et le seul
moyen de se réveiller et de ne pas manquer le
train, était encore de ne pas trop bien dormir.

CHAPITRE XV

Quatre heures du matin. Le jour se lève à peine. Dans la gare, tout le monde est endormi. Une salle éclairée est pleine d'employés qui ronflent, enroulés dans d'épaisses couvertures. Au loin, une locomotive chauffe. Nous réveillons le chef de gare, un homme aimable, qui sonne la cloche d'appel à toute volée. La machine se détache enfin de son poste et vient se mettre en tête du train tout formé. Nous, nous sommes en queue, dans le fourgon du chef de train et du serre-frein, le *break-van*, un fourgon tout nu, avec une seule banquette en bois pour s'asseoir.

Le jour se lève, d'une clarté limpide, sans nuage. Il fait frais. La machine siffle et nous roulons. Attentifs, l'œil aux aguets, nous sommes penchés à la fenêtre du fourgon, pour voir se dérouler la campagne. La contrée que

l'on traverse d'abord est bien sauvage et peuplée
médiocrement. Au lieu des plateaux dénudés
que nous venons de traverser, nous trouvons
des forêts de sapins qui couvrent de leur sombre
feuillage les croupes escarpées des montagnes.
On oublie vite l'Orient, et l'on s'imagine aisément traverser la Suisse ou les Karpathes. Les
villages ? on n'en voit aucun ; et comme les
stations sont de style européen, rien ne nous
arrache à notre illusion. Et d'ailleurs voici un
lac : le Tchuruk-Sou de la carte de Kiepert,
que la ligne contourne, et dont les eaux bleues,
immobiles, semblent dormir dans l'encadrement
des monts abruptes, le Messogis et le Latmus,
qui courent en dents de scie dans la direction
de la mer.

Le train roule toujours. Une grande descente
dans une contrée toute blanchâtre de terrains
crétacés. Le chef de train nous indique, au bas
d'une belle montagne bleuâtre, le site de Colosses. Je dis le site, car il ne reste rien de cette
ville célèbre, que quelques fragments d'arch -
tecture et les vestiges d'un théâtre. Ruinée par
un tremblement de terre qui la renversa de fond
en comble sous Néron, elle ne fut jamais relevée ; et la Chonæ des Byzantins, le village de
Khonos ou Khonas d'aujourd'hui, la supplanta
totalement. La prédication de l'Evangile fit surtout la célébrité de Colosses ; et aujourd hui

encore, l'on ne peut sans émotion contempler
le lieu où s'établit l'une des premières églises
chrétiennes, qui eut l'honneur de faire l'objet
d'une des épîtres de saint Paul.

Au milieu de cet immense espace aux reflets
blanchâtres que le train parcourt d'une allure
rapide, se trouve Hiérapolis, aujourd'hui Pam-
bouk-Kaléssi, la forteresse de coton, ainsi appelée d'après l'apparence blanchâtre de ces terrains calcaires. Encore aujourd'hui, les sources
d'Hiérapolis, qui faisaient l'admiration de Stra-
bon, attirent une foule de voyageurs. Les cascades, les monuments funéraires, les thermes,
le théâtre, ces monuments construits avec le
tuf calcaire lui-même qui durcit aisément à l'air
sont parfois, pour les Smyrniotes, un but d'excursion un peu longue, il est vrai, mais que le
chemin de fer rend relativement facile.

En face est le mont Cadmus, et au bas Laodicée et Dénizli, la ville qui l'a remplacée.
Laodicée avait été fondée par Antiochus Soter,
qui lui avait donné le nom de sa femme. Sous
l'Empire, la ville grecque devint l'une des plus
belles cités de l'Asie Mineure ; l'orateur Zénon
en était originaire. Les ruines de la ville sont
connues aujourd'hui sous le nom d'Eski-Hiçar,
la vieille forteresse. Au quatorzième siècle,
lorsque le voyageur arabe Ibn-Batouta la visita,
Laodicée était encore florissante, bien qu'elle

fût tout près des frontières controversées entre
l'Empire grec et les états musulmans voisins ;
on ne sait pas quand elle fut définitivement
ruinée. Dénizli, dont Ibn-Batouta parle également, profita de la chute de sa voisine. Aujourd'hui, celle-ci est encore un centre important,
chef-lieu de sandjak de la province d'Aïdin.

Le train reprend sa route. Voici Séraï-Keuï,
qui a été pendant longtemps la tête de ligne du
chemin de fer d'Aïdin, et où nous quittons la
vallée du Lycus pour retrouver le Méandre,
que nous n'avons pas revu depuis Dinair. Nous
circulons au milieu de jardins magnifiques ;
c'est ici la région des figues, qui font la fortune
du port de Smyrne. Nazli (que l'annuaire
officiel Ottoman orthographie Nazilli), ne nous
montre que sa station et ses vignes. La ville
est enfouie sous la verdure.

Et c'est ainsi tout le long du cours du
Méandre, dont nous apercevons parfois, dans
la plaine, les capricieux contours. La locomotive
passe sous un pont pour s'arrêter dans une
grande gare ; vers le nord nous distinguons un
vaste plateau couvert de ruines ; c'est Aïdin
Guzèl-Hiçar, l'ancienne Tralles. Elle est encore
une grande ville aujourd'hui, mais sans intérêt :
les monuments antiques ne sont plus que des
vestiges de ruines, et la domination musulmane n'y a pas construit de monuments

remarquables. Les descendants de l'émir Aïdin, qui prit la ville sur les Grecs et lui donna son nom actuel (la belle forteresse de l'émir Aïdin), la famille des Kara-Osman Oghlou, qui s'y maintint presque indépendante des sultans de Constantinople pendant bien longtemps, n'eurent pas le loisir d'y élever des constructions pour transmettre leur nom aux siècles futurs.

Après un arrêt assez long, le train reprend sa course, rendue plus lente maintenant par les pentes du Djuma-Dagh, qu'il s'agit de franchir. Une seconde locomotive est venue s'attacher à nous, et nous montons doucement dans une gorge de toute beauté, à travers des forêts de châtaigniers. Des fragments d'aqueducs épars çà et là, attestent les efforts faits par les anciens pour canaliser les sources de ces montagnes ardues et les conduire dans les vallées alors populeuses. La station d'Osmanié marque le point culminant de notre ascension. Là, un tunnel ouvre devant nous sa bouche béante. La descente se présente formidable ; des sabots de fer sont préparés ; on les glisse sous les roues des wagons, où ils sont retenus par une chaîne : on se croirait ramené à la fâcheuse époque des diligences, où l'on armait l'une des roues d'un sabot dans les descentes difficiles. C'est que nous nous trouvons ici dans les parties de la voie anciennement établies ; pendant longtemps

le train parti de Smyrne n'a pas dépassé Aïdin.
Tout y a un air archaïque, l'aspect des stations
et des gares, la forme des aiguilles; mais rien
n'est plus comique que ce train, glissant sur les
rails au moyen de ses sabots, depuis le tunnel
d'Osmanié jusqu'à la plaine du Caystre.

A mesure que l'on descend cette pente rapide
on voit de mieux en mieux se dessiner, au fond
de la vallée, la forteresse d'Aya-Solouk, aujourd'hui ruinée. La station est d'ailleurs tout
à côté du village, de sorte qu'il n'y a qu'à sortir
un instant par une petite porte pour avoir une
vue très pittoresque du château médiéval. Mais
Ephèse mérite mieux qu'un coup d'œil super-
ficiel. J'y revins quelques jours plus tard et la
visitai en détail. On me pardonnera d'intercaler
ici le résumé de mes impressions.

Quand on sort de la gare du chemin de fer,
on se trouve au milieu des maisons éparses du
village turc d'Aya-Solouk, que traverse la route
carrossable qui conduit au bord de la mer, non
loin de là, à Kouch-Adassy, connu des Européens sous le nom d'Echelle-Neuve ou Scala-
nova. Ce village est bien misérable, et les maisons bien pauvres. Mais les ruines du moyen-
âge sont ici considérables : ce sont pour la plupart des *turbés* en briques, qui entourent comme
d'une ceinture l'Aya-Solouk que vit Ibn-Batouta, la forteresse encore debout et la grande mos-

quée connue sous le nom d'église de saint Jean,
bien que ce ne soit pas une église et qu'on n'y
trouve, comme pouvant dater du premier siècle
du christianisme, que des colonnes arrachées à
quelque temple antique. Déjà au sortir de la station, l'œil de l'archéologue est frappé par les ruines d'un aqueduc ; mais la montée à la citadelle
est autrement saisissante, en gravissant une rue
fortement en pente et toute pavée de grosses
dalles. La porte d'entrée peut avoir été utilisée
comme porte de forteresse ; mais elle semble
bien tout entière de construction romaine, lourde
mais néanmoins grandiose. Sous la citadelle
est une belle et grande mosquée dont les toits
sont effondrés, mais dont la construction est,
sauf ce détail parfaitement intacte. La façade est
en marbre blanc, et trouée de portes et de fenêtres
avec décorations en stalactites. On est surpris
de trouver un monument aussi beau dans ce
pauvre petit village, mais on comprend, en le
voyant, l'importance de l'Ephèse du moyen-
âge, ruinée seulement de nos jours, par le trans-
fert du commerce à Echelle-Neuve.

Il faut courir à de grandes distances dans la
plaine ensoleillée pour retrouver les vestiges de
l'Ephèse antique, que l'on voit encore aujour-
d'hui : la prison de saint Paul qui n'est qu'une
tour des fortifications de la ville du côté du
mont Corissus, le stade, les thermes, le théâtre,

grandioses constructions de l'époque romaine,
dont il ne reste que des substructions,de lourdes
arcades de granit.

Après Aya-Solouk, le chemin de fer court
dans une plaine encadrée de montagnes ro-
cheuses, dépourvues de végétation. De loin en
loin un village, avec sa petite station encadrée
de plantes grimpantes, le seul repos des yeux
dans cette vaste étendue. Puis le train s'engage dans une gorge ; on distingue à gauche,
dans l'obscurité déjà grandissante de la tombée
de la nuit, un mamelon couvert de ruines : c'est
le mont Pagus et les murs croulants du château
de Smyrne, que connaissent bien les voyageurs
qui ont une fois relâché dans son port. Déjà
s'allument les lumières de la grande ville ; et
bientôt, épuisés par cette locomotion de seize
heures, nous roulons avec délices dans une
voiture qui nous emmène rapidement de la
gare de la Pointe à l'hôtel, le long du quai har-
monieusement battu par les flots du golfe. Un
bon lit, pour la première fois depuis longtemps,
nous permit d'étirer nos membres brisés par
l'habitude des minces matelas de coton des
Khandjis. Et le lendemain matin, la vue du
quai et du port, celui-ci rempli de navires à
vapeur chauffant pour toutes les directions,
celui-là grouillant de sa population mélangée
qui trafique de la navigation, et où tous les

types du Levant et de l'Europe sont représentés, nous réjouit encore. Il semble qu'on soit délivré d'un cauchemar ; et parfois certaines journées d'un voyage en Anatolie ont bien ce caractère. Ne récriminons pas : grâce à quelque fatigue, nous avons pu voir, dans son état actuel, la capitale des Seldjoukides ; notre portefeuille est bourré de notes qui serviront de base à mon rapport sur la mission qui m'a été confiée, nos pellicules photographiques se sont bien comportées ; et quant aux petites misères inséparables d'une excursion dans l'intérieur de l'Asie Mineure, il n'en restera que le souvenir, sujet de longs récits, plus tard, devant la famille assemblée, au coin du feu, pendant les froides soirées d'un hiver parisien.

FIN.

ITINÉRAIRES DE BROUSSE A KONIA

1er ITINÉRAIRE (LE NOTRE).

1re journée : Yéni-Chéhir.
2e   »   Bilédjik.
3e   »   Seuyud.
4e   »   Eski-Chéhir.
5e   »   Kutahia.
6e   »   Tchavdèr-Hiçàr.
7e   »   Guèdjèk.
8e   »   Afyoûn Kara-Hiçàr.
9e   »   Tchaï.
10e   »   Ak-Chéhir.
11e   »   Kadyn-Khan.
12e   »   Konia.

2me ITINÉRAIRE

1re journée : Aïné-Gueul.
2e   »   Bozyuk.
3e   »   In-Eunu.
4e   »   Kutahia.
5e   »   Tcherkess-Keuï.
6e   »   Afyoûn Kara-Hiçàr.
7e   »   Tchaï.
8e   »   Ak-Chéhir.
9e   »   Ilghin.
10e   »   Kadyn-Khan ou Ladik.
11e   »   Konia.

3me ITINÉRAIRE

1re journée : Aîné-Gueul.
2e   »   Bazardjik.
3e   »   Eski-Chéhir.
4e   »   Tchiftéler.
5e   »   Piri-Beyli.
6e   »   Touzloukdjou.
7e   »   Kadyn Khan.
8e   »   Konia.

4me ITINÉRAIRE (MURRAY)

Isnik à Lefké	6 h.
Vézir-Khan	4 »
Seuyud ou In-Eunu	8 »
Eski-Chéhir	3 »
Sèïd-i Ghàzi	9 »
Khosrev-pacha-Khan	7 »
Boulawadin	12 »
Ak-Chéhir	11 »
Arghut-Khané	7 »
Ilghin	3 »

(*Le reste comme au 2e itinéraire*).

En partant de Constantinople, on peut aujourd'hui profiter du chemin de fer de Haïdar-pacha jusqu'à Eski-Chéhir (1 journée), et partir de cette ville soit dans la direction de Kutahia (1er itinéraire), soit dans celle de Tchiftéler (3e itinéraire). L'inauguration prochaine de la ligne Eski-Chéhir-Konia permettra de faire tout le trajet en chemin de fer.

DÉTAILS DE L'ITINÉRAIRE DE BROUSSE A KONIA

Le baromètre est à la température constante
de + *22° centigrades.*

DATES	HEURES	LOCALITÉS	HAUTEUR BAROMÈTR.
13 mai.		Mer de Marmara à bord du navire	770
—	2ʰ. 25ᵐ s.	Moudania...	768
—	4 » s.	Col de Dervènt...........	742.5
—	4 3o s.	Guètchid	761.3
—	5 15 s.	Route......................	757 5
14 mai.	8 » » m	Brousse, vent d'est, rafales.	751.6
—	3 20 s	» orage..........	749.4
15 mai.	8 » » m	» beau temps.....	749
16 mai.	4 3o m.	» temps couvert	748.5
—	8 07 m	Ferme de Zohrab, pluie.........	755
—	9 15 m	Kastell, beau temps	754
—	10 3o m.	Plaine.	756
—	11 20 m	Dimbos.....	736
—	2 10 s.	Plaine de Yéni-Chéir...........	744
—	3 o5 s.	Tchartak-Keuï	»
—	3 45 s.	Damad-pacha	»
—	4 55 s.	Yéni-Chéhir	»
17 mai.	6 3o m	»	742.5
—	8 10 m	Fin de la plaine...............	742
—	8 35 m	Kieupru-Hiçâr	746
—	10 45 m	Fin de la montée	716
—	11 » » m.	Tèpé-Dervent................	715 6
—	12 15 s.	Route.....	705
			699.5
—	1 10 s.	Vieille route...................	697.5
—	2 15 s.	Bilédjik.....................	716
18 mai.	7 » » m.	»	717
—	9 35 m.	Kuplu.....................	735
—	12 3o s	Montée.....................	717
—	1 » » s.	Kyzyl-Kayalar	732
—	3 15 s.	Mausolée d'Ertoghrul. ....•	
—	4 » » s.	Seuyud......................	
19 mai.	5 15 m.	»	681
		Col en forêt................	681

DATES	HEURES	LOCALITÉS	HAUTEUR BAROMÈTR
19 mai.	8ʰ 30ᵐ m.	Fontaine......................	686.5
—	10 » m.	In-Eunu...	688.5
—	2 ?o s.	Tchoukour-Hiçâr..........	»
—	3 3o s.	Route. vue de Keskin-Keuï......	691
—	5 15 s.	Eski-Chéïr, hôtel..............	693
20 mai.	7 » m	»	691.1
21 mai.	6 » m	»	699
—	8 4o m	Moussi-Euzu ... .•	679
—	11 4o m	Koumlou-Dervènt..............	679
—	3 » s.	Sidi-Keuï.......................	»
—	3 15 s.	Col..	663.5
—	4 15 s	Fin du plateau........•	664
—	4 3o s.	Fin de la desrente.............	672
—	»	Plaine de Kutahia..............	680
—	6 15 s	Kutahia.........	»
—	9 3o s	» » ....·	679
22 mai.	matin.	» » ....·	676
—	»	Col...........	628
—	12 »	Plateau........• ....•.......	639 5
—	2 3o s.	Fontaine ....•......	»
—	»	Plaine de Tchavdér-Hiçâr	670
—	4 5o s.	Hadji-Keuï..	»
—	6 » s.	Tchavdér-Hiçâr.................	670
—	»	2ᵉ observation ... .•	669.3
23 mai.	8 » m.	»	671
—	10 20 m.	Départ.	»
—	»	Hadji Mahmoud Keuï, montée...	657
—	1 20 s.	Guèmilu-Guèrèn..............	661 5
—	2 45 s.	Hastanabo................ ...•	665 5
—	5 » s.	Nuhurè...	»
—	6 » s	Utch-Euyuk	»
—	7 10 »	Guèdjèk.	»
24 mai	7 35 m.	Au départ de Kurd-Keuï.......	»
—	8 4o m.	Altoun-Tach...	670
—	11 » m	Défilé d'Osmandjik.............	»
—	»	Eyrèt....	661
—	»	Point culminant	651.5
—	2 35 s.	Kyzyldjym.....	»
—	5 3o s.	Afyoun Kara-Hiçâr.............	»
25 mai.	8 » m	» bas de la forteresse.	665
		» haut de la forteresse....	651

DATES	HEURES			LOCALITÉS	HAUTEUR DAROMÈTR.
25 mai.	3"	5o^m	s.	Départ............. ....•....	»
—	11	»	m	Dervènt. ....•	»
—	7	5o	s.	Tchaï............... .•....... . .	668
26 mai.	6	»	m.	»	667 5
—	7	»	m	Départ..........................	)»
—	9	45	m.	Ishaklu	661
—	3	4o	s.	Ak-Chéhir.....................	»
27 mai.	5	15	m.	Départ.. ....•..	»
—	6	»	m.	Kara-Euyuk...................	»
—	6	40	m	Gulnès	»
—	7	35	m.	Yilan-Yousouf..	»
—	12	35	m.	Ilghin......	673
—	7	»	s.	Kadyn-Khan, beau temps..	665
28 mai	5	45	m.	Départ	»
—	8	15	m.	Ladik .... •	»
—	9	»	m	» ... .•.•........ ..	659
—	11	45	m	Dokoûz Khané.................	644
—	6	»	s.	Konia, très beau temps.........	672

DE KONIA A SMYRNE.

1er juin	4	3o	m	Konia, très beau ...•..........	671
—	5	»	s.	Kadyn-Khan, très beau. .... •	658.5
2 juin.	9	»	m.	Pont de Tcherkess-Keuï	670
—	11	»	m	Ilghin, orage.................	668 5
3 juin.	11	15	m.	Tchaï.....'.....	670
—	1	25	s.	Pazar-Aktché..................	»
—	1	4o	s.	Karadjé-Véiran.................	668
—	5	»	s.	Guénéli..•..............	672
4 juin.	4	3o	m.	»	675
—	7	35	m	Défilé de Kyz-Kapan...........	665
—	8	»	m	Fin du même...................	66o
—	10	25	m	Arpa-Arslan	661.5
—	2	15	s.	Gun-Gueurmèz.............	»
—	3	3o	s.	Aktché-Keuï...................	»
—	6	»	s.	Dinair	683
5 juin.	4	20	m	» gare.......	682
—	10	»	s.	Smyrne..................•.....	765

GÉNÉALOGIE DES SULTANS SELDJOUKIDES DE ROUM

SELDJOUK.

ISMAÏL.

KOUTOULMICH + 456 (1064).

1. SOLÉÏMAN Ier, conquérant de Konia + 479 (1086).

2. Mahmoud KYLYDJ-ARSLAN Ier + 510 (1116).

3. Rokn-eddin MAS'OUD + 551 (1156) ou 558 (1163).

4. Izz-eddin KYLYDJ-ARSLAN II + 588 (1192).

5. Rokn-eddin SOLÉÏMAN II + 601 (1204).

6. Izz eddin KYLYDJ-ARSLAN III.

7. Ghiyâth-eddin KAÏ-KHOSRAU Ier.

8. Izz-eddin KAÏ-KAOUS Ier + 616 (1219).

Alâ-eddin KAÏ-KOBAD + 634 (1236-7).

Djélâl-eddin KAÏ-FÉRIDOUN.

10. Ghiyâth-eddin KAÏ-KHOSRAU II.

Alâ-eddin KAÏ-KOBAD II.

13. Ghiyâth-eddin KAÏ-KHOSRAU III + 681 (1282).

11. Izz eddin KAÏ-KAOUS II + 678 (1279-80).

12. Rokn-eddin KYLYDJ-ARSLAN IV.

Mélik Constantin, baptisé à Constantinople.

Féråmerz.

14. Ghiyâth-eddin MAS'OUD II destitué en 694 (1294-5).

15. Alâ-eddin KAÏ-KOBAD III destitué en 700 (1300-1).

GHAZI TCHÉLÉBI, règne à Kastamouni et à Sinope.

Ghiyâth-eddin.

GÉNÉALOGIE DE LA DYNASTIE DES KARAMAN

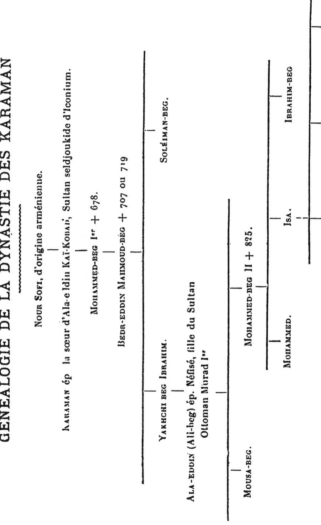

Noun Sofi, d'origine arménienne.

Karaman ép. la sœur d'Ala-eldin Kaï-Kobad, Sultan seldjoukide d'Iconium.

Mohammed-beg Ier + 678.

Bedr-eddin Mahmoud-bèg + 707 ou 719.

Soléiman-beg.

Yakhchi beg Ibrahim.

Ala-eddin (Ali-beg) ép. Néfisé, fille du Sultan Ottoman Murad Ier

Mousa-beg.

Mohammed-beg II + 825.

Mohammed.

Isa.

Pir-Ahmed-beg.

Ibrahim-beg.

Ishak-beg.

Kasim

Inscriptions grecques

N° 1.

In Euñu.

Autel placé actuellement devant la porte de la maison du *mudir*.

ΑΓΑΘΗΤΥΧΗ
ΔΗΒΡΟΝΤΩΝ
ΤΙΜΕΝΝΗΕΘ
ΑΛΛΟΥΓΥΜΤΕ
ΚΝΟΙΕΚΑΤΑΕ
ΠΙΤΑΠΗΝΑΝ
ΕΓΤΗΣΑΝ

Ἀγαθῇ τύχῃ. Διῒ βροντῶντι σὺν τέκν(ῳ) κατὰ ἐπιταπ(ει-) ναν ἔκτησαν (το).

A la bonne fortune. A Jupiter tonnant.... avec son fils.....

N° 2.

Eski-Chehir.

Stèle funéraire transformée en fontaine, dans le bazar de la basse ville. Au-dessus, une ligne d'inscription turque donnant la date récente de l'installation de la fontaine.

ΛΟΥΚΙΣΟΥΑΛΕΡΙΟΣΘΟΥΑ
ΧΕΙΑΑΑΣΥΝΒΟΓΑΥΚΥΤΑΤΗ
⊰·ΜΝΗΜΗΣΧΑΡΙΝ·⊱

Αουκί(ο)ς Οὐαλέριος Πουλχειλάλᾳ συνϐ(ί)ῳ γλυκυτάτῃ μνήμης χάριν.

Lucius Valérius (a élevé ce monument) à la mémoire de Pulchérie (?), sa très douce compagne.

Nº 3.

Kutahia.

Pierre funéraire trouvée parmi les pierres servant à la reconstruction de l'Oulou-Djami.

```
///// OYKILBEE◠N
ΘEIAIOΣT //////
KN◠ ΓΛΥΚΙ
NT◠              OEΣZIII
OKT   (aigle     ◠N
NAI   à 2 têtes)  OKT
KATTE͞IΙΕ
  ◠PAΣ
   ENN
    EA
```

(Λ)ουκι(ο)ς............................. ..
θεία........ τ(έκ)νῳ γλυκ(υτάτῳ)........ ὀκτὼ (x)αὶ
ὀκτ(ὼ)....... ὥρας ἐννέα ......

Lucius..... à (sa) tante (et à) son enfant très cher
..... huit et huit..... neuf heures.

N° 4.

Kutahia.

Pierre encastrée dans les murs de la forteresse,
sur le flanc sud.

ΛΟΥΚΙΟCΚΑΙCꓳ
ΚΡΑΤΗΣΛΟΥΚΙꓳ
ΠΑΤΡΙΚΑΙ
ΑΜΙΑΜΗΤΡΙΜΝΙ
ΜΗCΧΑΡΙΝ⊖

Λουκίος καὶ Σωκράτης Λουκίῳ πάτρι καὶ [Λεοδ]άμιᾳ μητρὶ
μν(ή)μης χάριν.

Lucius et Socrate (ont élevé ce monument) en
souvenir de Lucius leur père et de (Léod)amia
leur mère.

N° 5.

Nuhurèh.

..... OC
ΙΙC
⎯Ι ΑΝΒΡΟCΚCΥ
ΜΑΡΚΕΛΛΙΝΑΤ⎯ΙCΚΥΡ
ΙΙΟΤΙΑΝΟΙCΙΜΙ⎯ΙC⊖ΥΙ
ΑΤ⎯ΙΙ

..... γαμβρὸς κ(αὶ) σύ(μβιος)..... Μαρκελλίνα(ς)τῆς
κυρ(ίας) [Φ]οτιάν(ῳ).....

.... gendre et conjoint.... de Marcelline la dame,
à Photianus.....

N° 6.

Kurd-keuï.

Fontaine près de la mosquée du village. Stèle à trois faces gravées.

Face gauche.

ΑΥΡΤΑΤΙΑΛΙΠΟΜΗΝCC
MNI
CYNBIONEMIO☦ΗΘΧΝΕ
ΑΥΤΩΛΥΚΛΒΑΝΠΕΒΛΟ
ΤΑΙΚΟΝΤΑΕΤΑC☦ΛΛΕ
ΜΗCΤΟΙΓΗCΕΝΘΑΠΡΟC
ΠΛΟΥΤΕΟCΗΑΥΘΕΛΩΙ
ΚΥΡΙΑΚΟΝΓΑΡΕΓΩΛΙ
ΠΟΜΗΝΕ✝ΓΛΠΙCΙΤΑΥ
ΤΗC☦ΝΟΝΝΗCΓΑΜΕ
ΤΗΝCΥΝΖΕΥΧΕΙΗΝΑΙ
ΟΛΑΑΜΩ☦ΓΑΝΒΡΟC
ΓΑΡΟΥΤΟCΕΚΙΝΩΝΟC
ΚΑΜΟΙCΥΝΙΛΡΥCΕΤΥΝ
ΒΟΝ☦ΑΛΕΜΟΙΜΝΗΜΙ
ΧΑΡΙΝ 3ΩΜΟΝΙΛΡΥCΑΤ
ΕΝΘΑ☦ΛΟΞΑΝΘΝΗΤΟ
ΛΝΗΜΟCΥΝΟ ΥΟΝΛΙ/
3ΙΟΥ☦ΧΑΙΓΟΙCΗΟΟΛ
ΠΙΘΙ☦ΚΕΜΟΙCΥΝΕΥ/////
<ΟΥΤΗΝΕΝΑΕΙΛΙυΑΙ
ΛΡCΘΗΚΟΝΙΝ

Face droite.

```
A  ΛΛΛΛΙΑΟΥΓΑΤΗΠΙΝΤΗΜ
E  ΑΝΕCΗΛΗΤΙCΠΕΥΑΟΝCΕ
E  VCCΗΤΙΕCΚΙΧΙΙCΑΤΟ;////ΜΟΙ
Ω  ΠΡΙΝ CΕΝΥΝ ΙΚΟΝΙCΤC
ΝΟΝΘΕΜΗCΑΜCΝΗΝΩΑΛΑ
ΜΟCΙΝΑΠΑΡΙΙΝΕ ΕΛΕΠΝΝΙΙ
  ΑΛCΟΥCΔΕΤΟΚΙΙΑC
  ΙΙCCΠΑΤΗΡΚ-ΠΑCΑΗΑΤ
```

La face droite contient environ 25 lignes, mais les
lettres deviennent de plus en plus indistinctes.

Face antérieure.

Contenant 30 lignes ; donnée d'après la copie de
M. A. Helbig.

```
ΡΤΕΟ+ΙΜΟΊΕΥΥΧΟΥCΕΝΘ
Η ⸕ ΠΡΟCΗΑΤΕΙΑΝΜΙΑΥΟΟΙΙΕΝΘ
ΞΗΡΑΝΕΜΙΟ


ΤΟΝΕΟΗΙΙΕΕΜΕΔΙΔΑCΚΑΛᵘ
ΕΝₒΜₒΝΕΝΟΑ⸕ΛΑΚΕΤΕ ....
ΘΑΝΑΤΟΙΟΚΑΙΤΙΑΟΥΤΕΟ
ΟΙΚΙΑΝΗΟΝ⸕ΟCΠΑΝΤΩΝ
//// ΙΓΚΥΟΝΥΥΧΑCΠΑΡΕΔΕΣΔ
//// ΟΧΗΡΟΝ⸕ΟΥΔΑΝΤΙCΘΑ
//// ΕΝΕΛΙΟΘΔΙΕΝΟCΕΙΙΚΟC
//// ΝΠΑΛΙΝΕΑΘΗ⸕ΟΥΔΕΘΕΜ
```
(Dernière ligne :) ⸕ΛΙΠΟΜΗΝΚΟΥΡΙΔΙΗΝ

No 7.

Kurd-keuï.

Pierre insérée dans le jambage de droite de la porte d'une maison en construction, dans la rue qui fait face à la stèle n° 6 ci-dessus.

```
IПЕАТО ⁻  //
OΔEEIMN  //
ΓΕΤ  TN  //
ET       //
MONIXTNOMC
VEΓΩTYNF ΓC
TOΔA OHKΗNKA
COΔEANAΓΩ
CTOCKAIK  KI
ΔΙΟCATIOIOIMEN
```

N° 8.

Altyn-tach.

Sur le pont construit avec des débris antiques, à côté de la mosquée.

OIKOCΔIAΦEPΩI

TABLE DES CHAPITRES

Vannes. — Imp. Lafolye.

For EU product safety concerns, contact us at Calle de José Abascal, 56–1°, 28003 Madrid, Spain or eugpsr@cambridge.org.

 www.ingramcontent.com/pod-product-compliance
Ingram Content Group UK Ltd.
Pitfield, Milton Keynes, MK11 3LW, UK
UKHW010346140625
459647UK00010B/874